人文社科
高校学术研究论著丛刊

基于跨文化交际法的
高校英语教学模式研究

郑媛媛 著

中国书籍出版社
China Book Press

图书在版编目(CIP)数据

基于跨文化交际法的高校英语教学模式研究 / 郑媛媛著. -- 北京：中国书籍出版社，2023.5
ISBN 978-7-5068-9369-5

Ⅰ.①基… Ⅱ.①郑… Ⅲ.①英语-教学模式-教学研究-高等学校 Ⅳ.①H319.3

中国国家版本馆 CIP 数据核字（2023）第 095083 号

基于跨文化交际法的高校英语教学模式研究

郑媛媛 著

丛书策划	谭 鹏 武 斌
责任编辑	毕 磊
责任印制	孙马飞 马 芝
封面设计	东方美迪
出版发行	中国书籍出版社
地 址	北京市丰台区三路居路 97 号（邮编：100073）
电 话	（010）52257143（总编室） （010）52257140（发行部）
电子邮箱	eo@chinabp.com.cn
经 销	全国新华书店
印 厂	三河市德贤弘印务有限公司
开 本	710 毫米 × 1000 毫米 1/16
字 数	174 千字
印 张	11
版 次	2023 年 8 月第 1 版
印 次	2023 年 8 月第 1 次印刷
书 号	ISBN 978-7-5068-9369-5
定 价	82.00 元

版权所有 翻印必究

目 录

第一章　跨文化交际与跨文化交际法 …………………………………… 1
　　第一节　语言、文化、交际三位一体的关系 ……………………… 1
　　第二节　跨文化交际的内涵解析 …………………………………… 15
　　第三节　跨文化交际的基本模式 …………………………………… 21
　　第四节　跨文化交际教学法研究 …………………………………… 23

第二章　跨文化交际教学法与高校英语教学的融合 ………………… 28
　　第一节　跨文化交际法在高校英语教学中的作用 ……………… 28
　　第二节　影响高校英语跨文化交际教学的两大因素 …………… 32
　　第三节　跨文化交际教学法融入高校英语教学的现状与任务 … 44
　　第四节　跨文化交际教学法融入高校英语教学的原则与策略 … 48

第三章　基于跨文化交际法的高校英语词汇、语法教学模式 ……… 52
　　第一节　基于跨文化交际法的高校英语词汇教学模式 ………… 52
　　第二节　基于跨文化交际法的高校英语语法教学模式 ………… 61

第四章　基于跨文化交际法的高校英语听力、口语教学模式 ……… 69
　　第一节　基于跨文化交际法的高校英语听力教学模式 ………… 70
　　第二节　基于跨文化交际法的高校英语口语教学模式 ………… 76

第五章　基于跨文化交际法的高校英语阅读、写作、翻译教学模式 …… 83
　　第一节　基于跨文化交际法的高校英语阅读教学模式 ………… 83
　　第二节　基于跨文化交际法的高校英语写作教学模式 ………… 90
　　第三节　基于跨文化交际法的高校英语翻译教学模式 ………… 92

第六章　网络视角下的高校英语跨文化交际法教学研究 …… 100

第一节　网络技术与高校英语跨文化交际教学的结合 …… 100
第二节　网络视角下高校英语跨文化交际教学的原则 …… 103
第三节　网络视角下高校英语跨文化交际教学的优化方法 … 105

第七章　基于跨文化交际法的高校英语教师专业素养提升 …… 123

第一节　高校英语教师专业素养及其提升的理论依据 …… 123
第二节　基于跨文化交际法的高校英语教师的角色定位 …… 129
第三节　基于跨文化交际法的高校英语教师的素质要求 …… 130
第四节　基于跨文化交际法的高校英语教师文化意识的培养 … 133

第八章　基于跨文化交际法的高校英语教学评价体系建构 …… 140

第一节　高校英语教学中的测试与评价 …… 140
第二节　基于跨文化交际法的高校英语教学评价的内容 …… 147
第三节　基于跨文化交际法的高校英语动态评价体系的建构 … 150

参考文献 …… 160

第一章 跨文化交际与跨文化交际法

随着社会经济的不断发展,经济全球化成为当今世界发展最突出的特征和趋势之一,因此,跨文化交际就成为一种无处不在的现象。无论是对于科学技术发达的西方国家来说,还是对于拥有古老文化底蕴的东方国家来说,跨文化交际已经遍及了世界的每一个角落。人类在发展过程中创造了属于自己的文明,形成了自己的文化。下面就从语言、文化、交际以及跨文化交际这四个层面来具体论述一下跨文化交际的相关知识,以期为之后的基于跨文化交际法的高校英语教学奠定一定的基础。

第一节 语言、文化、交际三位一体的关系

一、语言

(一)语言与言语

1. 语言的含义

语言,可以说是一种交际工具,它借助各种系统的、复杂的声音传递形形色色的内容,如各种复杂的情感或包罗万象的意义等。观察角度不同,语言所传递的内容或所表达的感受是不同的。首先,从形式上分析,语言通过声音传达(即语音)。语音是一个复杂的系统,它是由人的发音器官发出的单个或多个语音单位组成。每个民族都有自己的语音构成成分及特点。其次,从内容上分析,语音传达的具体意义(即语义)既可

以是客观世界本身的状态,也可以是人们的主观态度,甚至是虚构的内容。[①]语义由许多具体单位所体现,如词汇、句子等。最后,从组织结构上分析,语言虽然包括语音、语义和词汇,但是语音、语义和词汇只有依靠一定的方法联系在一起,才能表达一定的内容和思想,而这个联系语音、语义和词汇的方法就称为语法。由此可分析出,语言是一个由语音、语义、词汇和语法构成的复杂的、功能强大的符号系统。

其实,语言至今都没有一个被公认的定义。我们只能从语言学家对语言的相关研究中综合总结出一个定义:语言是人类特有的,是重要的交际工具、思维工具和文化载体,是语音、语义、词汇和语法相结合的符号系统。

从这个定义中,我们可以分析出四个方面内容:第一,语言是人类独有的,是其他动物所没有的;第二,语言具有自身的特殊性;第三,语言由语音、语义、词汇和语法组成;第四,语言是人类交际活动和思维活动的重要工具和载体。

2. 言语的含义

言语包括两方面的含义。一方面是指人们运用语言的行为动作,即"言语活动",如"某人不言语了",这里的"言语"明显是指运用语言的行为,而不是指语言。另一方面是指人们讲的话和写的话,即"言语作品",具体是指人们运用语言的产物,如我们写的句子、文章等,就属于"言语产品",而不属于语言。因此,言语与语言明显不同,我们不能将两者混淆。语言是全社会成员共同使用的工具,言语则是个人对语言的使用及使用结果。语言是言语的重要组成部分。使用同一种语言,不一定会产生同一种言语。

3. 语言与言语相联系

语言与言语之间的联系体现在以下几个方面。

第一,语言与言语紧密相连、互为前提。语言是言语的重要组成部分。语言要成立,必须依赖一定的言语行为和言语作品;而言语要被人理解,必须依赖一定的语言来表达。

第二,语言与言语相互依存,互为结果。语言是从言语中抽象概括

[①] 池昌海.现代语言学导论[M].杭州:浙江大学出版社,2007:1-6.

出来的公共模式,言语是个人具体运用这种公共模式的结果。这就好比下棋,棋子和规则都是相同的,但个人运用相同的棋子和规则下棋的方法不同,而且个人的棋艺也有高低之分。

第三,语言存在于言语中。个人言语使用的词汇、语法规则是有限的、不完全的,只有集体的总和才是完全的。此外,语言还以潜在的方式存在于人们的大脑中。储存于每个人大脑中的语言系统合在一起构成集体的语言系统。集体的语言系统是完全的,而储存于每个人大脑中的语言系统是不完全的。

(二)语言的基本功能

1. 语言的交际功能

语言是交际工具,在人类社会生活中,语言帮助人们传递信息、交流思想。每一个正常的人都可以体会到他和其他的社会成员接触时,都得使用语言进行交际。只要社会存在,只要人们有交际,就需要语言。斯大林说:"语言是手段、工具,人们利用它来互相交际,交流思想,以互相了解。"如果没有语言,人们相互间的交际就会受到限制,人与人之间就不能建立广泛联系,整个社会的共同生产和共同生活就不能正常进行。

具体来说,人们运用语言进行交际的过程,实际上就是对信息进行处理的过程。这个信息处理过程具体包括信息的编码、发出、传送、接收和解码。

第一,编码。人们传递信息,需要借助一定的语句进行表达,而语句则是由词语组成。也就是说,人们先选择恰当的词语,然后将词语按照语义要求和语法规则进行组织编排,最后组成所要表达的语句,这就是语言的编码过程。在编码时,人们应力求编码清晰、明确,避免失误,防止造成语义表达错误。

第二,发出。编码完成以后,通过发送器把语言形式输出。口语的发送器是发音器官,发送器必须准确地把编成的语言形式输出。

第三,传送。语言形式一旦输出,语义内容随即附着语言形式进行传送。口语的声波负载着语义内容通过空气或信道传送到听话人耳朵里。在传送过程中,信道畅通才能保证信息的正常传送。[①]

第四,接收。语言形式通过信道传送给接收者,接收者通过接收器接收语言形式。在口语交际过程中,听觉器官就是接收器。听觉器官必须准确地辨认语言形式,以避免接收误差。

第五,解码。解码即接收者将接收的语言形式转化为语义内容,以理解传递者传达的信息。如果解码失误,那么信息理解便会出错。

总之,语言是人类特有的交际工具,是人类最重要的交际手段。语言可以不依赖任何其他工具的帮助而独自完成交际任务。若没有语言,人类社会就不可能产生。人类其他的交际工具都是在语言的基础上产生的,不能脱离语言而存在。

2. 语言的思维功能

思维是人脑的特殊机能,是人们认识客观事物时动脑的过程。而思想是思维活动的结果,是人们认识客观事物的结果。语言的思维功能是指语言参与人们的思维,并选择适当的词语和语句记录思想,以便于人们理解思想。

作为交际工具的语言与思维之间有着密切的联系。语言是思想存在的基础,是形成思想和表达思想的工具。在交际过程中,人们利用语言交流思想,这是语言交际的主要内容。人的思想通过语言记录和固定下来。可见,语言作为交际工具与人的思想、思维有着密切的关系。

在人的智力活动中,动作思维、形象思维和概念思维紧密联系、相互渗透、相互帮助。人的形象思维和动作思维经过概念思维组织起来,有明确的目的性,而且无论在哪种思维过程中,以语言为工具的概念思维都起着主导作用,组织和制约着全部过程。一切思想最终都依赖语句进行传递。

语言除了交际功能和思维功能这两大基本功能外,还具有其他一些基本功能,如施为功能、感情功能、元语言功能等。

[①] 倪立民.语言学概论[M].杭州:浙江大学出版社,1988:17-22.

二、文化

文化是一个很广泛的概念，不少哲学家、人类学家、社会学家、语言学家一直努力从各自学科的研究角度对文化进行定义。学术界有关文化的定义已多于 160 种，目前的文化定义已多于 250 种。文化定义的多义性、不确定性，说明文化具有广泛性。学术界对文化的定义有很多，大体上可以概括为广义和狭义两种。

（一）文化的界定

要探究跨文化交际能力，必须先明确什么是文化。

文化指的是人类从诞生起一直到今天的所有实践活动所产生的物质财富和精神财富。由于涉及的定义内涵比较丰富，至今为止从学科的角度依旧不能给文化一个准确的定义。但毫无疑问的是，每个人从一出生起就受到文化的影响，每一个人的思维方式和语言行为也都是在文化的基础上形成的。

在以往对文化的各类界定中，笔者认为可以将文化定义为：人类创造力的果实。这一定义主要是从人类创造力的角度来说的，其包含如下几点。

第一，文化属于人的东西，并被人类所有。

第二，只有人创造出的东西才属于文化的范畴，如果不是人创造出来的，那么不可以称之为文化。

第三，文化是从人的创造开始的，创造展现的是文化的特质。

第四，只要有创造力的果实，就会有文化的存在。

第五，将文化落定为"果实"，代表着只能是人创造的已经定型的东西，而不是那些未定型的东西。

能形成果实的创造力属于人类独有的能力，它的运用即创造，是人将头脑中想象的世上未有之物动手造出来的过程。这个过程属于唯独人类才有的实践活动中的一种，其特殊性在于，它不仅与一般性的实践一样,是"有目的的可感活动"①,而且还有一般性的实践所没有的想象在其中。想象属于人脑的一种意识功能,往往具备无中生有的功能。正是因为现象的存在,加之人们的创造,才能出现很多前所未有的东西,这些东西本身在大自然中是不存在的,也不是通过大自然能演化出来的。

创造的这一特点可以说明,除了自然存在的和那些未定型的不属于文化之外,那些人们不经意之间留下的已经定型的东西也不属于文化,如一个手印、一个脚印、一个划痕、一个废弃物等,这些虽然属于非自然之物,但是因为其中没有添加任何想象,因此也不属于文化。

需要注意的一点是,这一特点不能被理解成:只有那些首创的东西才能被认为是文化,那些后边参照首创物生产的就不是。事实上,生产作为重复发生的情况也属于文化。

从文化的界定可以清楚地认识到,文化对人们的影响到底有多深、有多重要,因为当人们接触到其他文化时,他们往往会根据自己本族语的文化系统来阐述陌生文化。人们经常认为不同文化之间的接触必然导致更大的相互理解,但是在实际情况中并非如此。相互理解不仅需要语言技能和文化知识,还需要努力、渴望和耐心等因素。作者认为我们有必要认识到,文化不是静态的,文化在不同事件的影响下,或通过接触其他国家的文化而不断变化。文化在行为和习俗上的变化可能会发生得很迅速,然而在价值观、世界观和社会规范方面的变化往往很慢。

（二）文化的功能

没有文化发展,人类社会就不会前进并高级化发展。文化是由诸多要素所构成的一个复合体,这些要素相互作用、相互联系并产生文化功能,对人类社会的发展起着重大的促进、推动作用。文化功能可分为五大部分。②

---

① 韩东屏.人是元价值——人本价值哲学[M].武汉:华中科技大学出版社,2013:15.
② 李胜兹.试论文化的性质与特征[J].德州师专学报,1998(3):32-33.

第一章 跨文化交际与跨文化交际法

1. 意识形态功能

文化作为上层建筑的观念形态是由经济基础决定的,因而文化的内容由特定经济关系决定,而利益关系和阶级关系为经济关系的核心。在特定社会条件下,人作为文化主体总是处在一定的意识形态中,人们进行创作、想象不能离开特定的社会背景,思维方式受意识形态的制约与影响。文化生产也不是自由创造,客观上会受到一定阶级、集团利益的约束。哲学、法律、道德、政治是文化的组成部分,都是带有意识形态的文化生产,即便是最具审美特征的文学艺术同样如此。意识形态是较高层次的一种特殊文化,是一种带着强烈的社会意识、阶级意识的观念系统。在阶级利益支配之下,每种文化形态对与异己性质对立的经济、政治现实进行批判,对与己同性质的经济、政治现实进行维护。随着历史的前进,统治阶级将走向灭亡,文化具有的意识形态功能也会消失而成为文化遗产或传统。

2. 教化功能

文化的教化功能就是通过文化手段、文化形式教育和改造人,使人适应社会发展的需要。人在不同阶段、不同环境中创造出文化,经过世世代代积累,成为人们生活于其中的具体的、历史的文化环境。人与动物不同,人既能创造文化,又能理解、接受文化。一个人来到世上会立即处在先人所创造的文化氛围中,在成长中不断学习,领悟规则、习惯、禁忌、风俗等,不断获取文化,将文化转为人内在需要的教化,从自然人转变为社会人。成为什么样的人,判别、区分出什么是真、善、美,都是在社会环境中日渐形成的,是社会化作用的结果。社会环境包括文化环境,人的个性、气质、行为的形成以及人的社会性,主要通过文化环境的教化逐渐地形成。

3. 调节功能

人类社会生活中,不可避免地存在着人与人、人与自然、人与社会之间的矛盾,并且存在着自身情感与理智之间的矛盾,调节种种矛盾,文化发挥着重大的作用。人类社会进入阶级社会后将一直存在社会、集体、个人三者之间的矛盾。在阶级对立的社会中,统治阶级要调节自身内部的矛盾,又要调节与被统治阶级之间的矛盾,除了用法律武器调节外,文化中的道德、理想也起着很大的作用。一个阶级处于统治上升期时,总是强化社会理想的功能,鼓舞全体社会成员为共同目标努力奋斗,这时,社会理想发挥自身作用,有力地调节着各个阶级间的冲突和矛盾。道德规范在调节个人与集体、个人与他人利益矛盾中也发挥着重要作用。另外,文化在调节人的精神状态、生活状态上也是非常关键的。

三、交际

（一）交际的概念

简单理解交际,即人们交流信息、交流情感的过程。

英语中与交际相对应的是 communication,对于 communication 的翻译,国际政治界将其翻译为"交流",交通界将其翻译为"交通或通信",新闻界将其翻译为"传播"。不过总体来说,对于交际,目前还没有一个统一的说法。

交际是我们生活中的一个重要组成部分。人们之所以要交际,主要是因为如下几个原因。[①]

（1）我们需要满足自身的物质需求（We need to satisfy our material needs）。

（2）我们需要与别人取得联系（We need to connect with others）。

（3）我们需要控制别人的行为（We need to control the behavior of others）。

（4）我们需要表达自己的想法和情感（We need to express our thoughts and feelings）。

（5）我们需要探究周边的世界（We need to investigate the world around us）。

（6）我们需要传递新的信息（We need to pass on new information）。

（7）我们需要创设心目中的世界（We need to create worlds of the imagination）。

---

① 严明.跨文化交际理论研究[M].哈尔滨:黑龙江大学出版社,2009:2.

（二）交际的原则

成功的交际一般认为应包括：你能获取你想要的（信息），用一种你们双方都认可的方式，而且这种方式能维持你们之间的关系（You can get what you want in a way which is acceptable to you and to your partners and which maintains your relationship）。

1. 平等

每个人，无论拥有多少知识，拥有多高的地位，都应该保证其在人格上的平等。因此，在人际交往中，不能够因为自己的能力、地位等抬高自己、贬低别人，这样就如同在自己与他人之间树立了一道墙，很难与他人进行和谐交际。

2. 尊重

人们都渴望得到尊重。在人际交往中，我们都应该尊重他人，不仅尊重他人的人格、隐私等，还需要尊重彼此存在的、内在的、外显的心理距离，不应该去破坏这一距离，否则就是对他人的冒犯。很多时候，一个微笑、一个问候就是对他人的尊重。

3. 沟通

人们需要进行沟通，只有沟通，才能够增进彼此之间的了解，减少一些不必要的冲突和摩擦。越是不沟通，那么就越容易在彼此之间建立防线，这样就很难与他人真正交融。另外，沟通需要主动，如果一味地让他人主动，那么就很难实现自己的"好人缘"。

4. 宽容

天下没有完全相同的两个人，每个人都有自身的特点，有自身的差异。因此，在处理人际关系的时候，需要做到求同存异，保持一颗宽广的心。我们自己都有可能存在不完美，那么为什么还要求其他人完美呢？因此，在人际交往中，不要过分强求，得饶人处且饶人，即便他人犯了错误，也不应嫌弃他，而是应该为他提供改过的条件，原谅他人的过失，帮助他人改正错误。

5. 欣赏

每个人都希望得到他人的肯定,这是一种心理需求。因此,在人际交往中,我们应该欣赏他人,以欣赏的姿态肯定他人,发现他人的长处,这样会给他人带来美好的心情,也容易构建和谐的人际关系。

6. 换位

在现实中,很多人习惯从自己的主观出发来判断他人,这很容易激发矛盾。因此,要想得到彼此的认同与理解,避免产生偏见,就需要学会换位思考。这里说的换位,即善于从对方的角度思考问题,体会对方的情感,设身处地为他人着想,这样才能不断解决问题,也可以减少一些摩擦。

7. 诚信

诚信关乎一个人的品质与形象。在现实生活中,存在不讲诚信的情况,甚至坑骗自己的亲朋好友,导致其信誉低下,这样会对人际关系的和谐造成不利影响。因此,我们需要诚信,从身边做起,从小事做起,不要失信于人。

8. 合作

当今社会,人与人的竞争非常激烈,但是这并不意味着不能合作。很多时候,由于社会分工更为精细,需要团队的力量才能完成,这就需要进行合作。在合作基础上展开竞争,在竞争的基础上进行合作,这是人际交往的基本态势。如果只讲究竞争,不进行合作,那么就会出现恶性的竞争。因此,在人际交往中,我们应该多一些协商,多一份沟通,多一份合作。

四、语言、文化、交际的关系

（一）语言与文化的关系

1. 语言是文化的工具

人们的社会交往和精神活动都离不开语言。诚然，语言不是人与人之间唯一的交际工具，也不是人自身精神活动的唯一思维工具，但是，它是最重要的交际工具和思维工具。思维离不开语言，而文化行为又离不开思维。精神文化是思维的直接产物，物质文化是思维的间接产物。语言不可避免地成为文化的基础，也是文化得以存在的工具。由于语言的工具作用，文化传播和交流才成为可能，负载思想的语言使文化可视而又稳定。

美国学者伊恩·罗伯逊在其《社会学》一书中指出："语言是文化的根本。没有它，文化就无法存在。"[1]

2. 语言是文化的编码

语言本身是一个封闭的符号系统。语音区别特征构成了音位（phonemes），音位构成了词素（morphemes），词素构成词（words），词构成了句子（sentences），句子构成语篇（texts），语篇构成对话、故事、小说直至百科全书。这个封闭的系统之所以能与人的经验世界发生关系，对经验文化进行语言编码，主要就是因为它是一种符号的系统，它可以对外在的现实进行思维切分（mental segmentation）、类比联想（analogical association）。也就是说，语言符号具有一种将外在现实进行心理编码的能力。

从表面上看，人似乎只是生活在物质性的外在现实中。但是，人之所以是人而不是动物，就在于人不能只生活于物质性的外在世界，他必须对这个外在世界进行认知并加以理解和接受。也就是说，人的社会生存必须将外在的物质现实内化为一种心理现实。社会学告诉我们，人是不能生活于他所无法认识和理解的世界的。人一旦对自己身处的世界

---

[1] 裴文.现代英语语境学[M].合肥：安徽大学出版社，2000：173-178.

无法理解,便会产生焦灼感,甚至心理障碍,直至自杀。难怪笛卡尔(R. Desoortes)说:"我疑故我思,我思故我在。"① 将外在经验现实转化为内在的心理现实的机制就是语言对文化的编码。从这个意义上来讲,人似乎是在依靠物质而生存,依赖语言编码而生活。人对文化现实的语言编码主要有两种方式:理据性编码(motivational codification)和任意性编码(conventional codification),又称"约定俗成性编码"。

3. 语言交际是传播文化的手段

语言交际与文化的关系恰好是跨文化交际的重要内容。跨文化交际这一现象并不是近期才出现的,而是自古就有。随着人类社会不断进步,跨文化交际的内容、形式等也在不断改变。在当今时代,跨文化交际的手段和内容变得更为丰富。通过跨文化交际,国与国之间可以相互交流,这种交往是十分复杂的过程。

虽然交流的时空距离在不断缩小,但是人们的心理距离、文化距离并没有随之缩小。由于受文化取向、价值观念等的影响,文化差异导致了一些冲突和矛盾的出现,不同文化背景下的人的交流面临着严峻的障碍。为了解决这些障碍,对跨文化交际进行研究就十分必要了。

(二)交际与文化

文化与交际有着密切关系。受交际双方文化背景的影响,彼此在展开交际时必须考虑文化因素,这样才能保证采用恰当的交际手段展开交际。下面具体分析文化对交际的影响,主要体现在两大方面。

1. 文化对交际风格的影响

除了交谈模式,交际风格也会受到文化的影响和制约。具体来说,主要表现为如下两个方面。

(1)直接交际风格与间接交际风格

交际风格包含两类,即直接交际风格与间接交际风格。直接交际风格是在交际中交际双方直接传达自己的信息,是一种直接的手段。间接交际风格是在交际中交际双方委婉传达自己的信息,是一种间接的手

---

① 张维鼎.语言文化纵论[M].成都:四川辞书出版社,2002:3-5.

段。显然,间接交际风格是一种含蓄的交际风格,这在我国体现得尤为明显,因为我国受儒家思想的影响。相比之下,西方就更倾向于采用直接的手段。

（2）个人交际风格与语境交际风格

交际风格还可以划分为个人交际风格与语境交际风格。个人交际风格强调在交际过程中彰显个人身份,因此第一人称是最常用的交际方式。语境交际风格强调在交际过程中注重语境,具体语境具体分析。例如,英语中对于教师或者长辈的称呼多用 you,汉语中多用"您"来称呼。

2. 文化对交际模式的影响

文化对交际模式有着巨大影响。交际模式受交际双方文化背景的影响和制约。因此,为了保证交际顺利,必须选择恰当的交际模式。

（1）何时讲话

对于"何时讲话",由于受文化背景的影响,双方需要遵循彼此各自的规则。例如,对于个人因素,西方人非常看重,因此避免在公共场合谈论。相比之下,中国人对其并不十分看重,愿意与他人展开交谈,即便是陌生人。

（2）话题的选择

在交际中,话题的选择十分重要。受文化背景影响,交际双方选择的话题必然不同。例如,中国人在交谈中习惯谈论薪资水平、家庭状况等,这些在西方人眼中往往被看作隐私。

（3）话轮转换

所谓话轮转换,即交际双方在交际过程中不断转换自身的角色,是说话人与听话人之前的角色转换。当交际双方所处的文化背景不同时,话轮转换也是不同的。例如,日本人之间在进行交谈时,话轮的转换需要交际者考虑时机,在恰当的时候选择转换。美国人则不同,美国人在交谈时可以直接进行话轮转换。

(三)语言与交际

语言在一定程度上就是交际,在交际中发挥的作用不可替代。语言和交际联系紧密。

在人类使用语言进行交际时,需要综合不同因素表达具体的含义,从而完成交际行为,这一点在动物身上体现不出来,同时这种使用语言进行表达的能力也是计算机不能匹敌的。

语言能够通过排列组合创造出数量庞大的语言形式,还带有无限的理解功能。与交际相比,语言的系统化特征更加明显。语言学家认为,语言之最惊人的特点是它能够并帮助编造或理解以前从未有过的句子。[1]

正是由于句子数量无限性的特点,在交际过程中就提高了理解的难度。为了更好地理解句子,语言学家制定了一系列的语言使用规则,使得语言按照一定的语法程式进行运作。

语言交际的过程如图1-1所示。

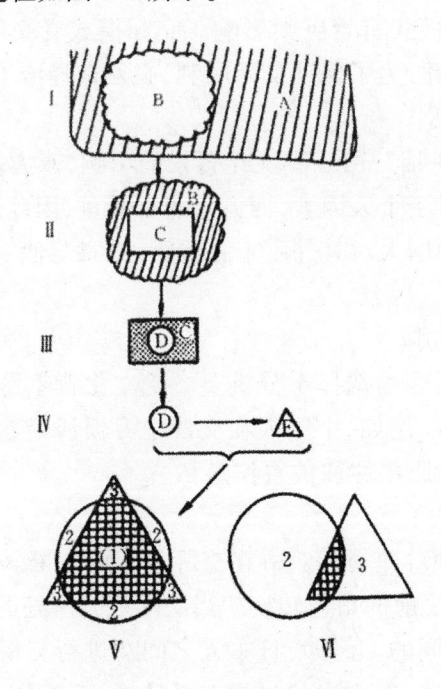

图 1-1 语言的交际过程

(资料来源:胡文仲,1999)

上图中的字母分别表示如下含义。

A:代表人类世界。

B:代表人运用五感所能捕捉到的世界部分。

---

[1] 曹志希,何灵梅.语言与交际的关系[J].解放军外语学院学报,1997,(6):16.

C：代表在人类五感的作用下，说话人所注意到并将之用于交际的部分。

D：代表在 C 的范围内，说话人语言表达的部分，这种语言表达带有抽象性与局限性。

D 和 E 的重合形成了第 V 阶段。在这个阶段，数字 1 代表的是说话人传递出去的信息，2 代表的是说话人未传递出的信息，3 代表着说话人未表达，但是听话人所了解的部分。

在实际交际过程中，语言环境带有复杂性，因此对于交际无法列出其所有的交际范围，也就无法进行十分系统的设定。只有交际者了解了一定的语言规则，同时具备灵活的交际技能才能促进交际的顺利进行。

从总体上说，语言、交际、文化是互相联系的统一整体，语言和交际是在文化的范畴中展开的。人类创造了语言，在语言的完善与发展过程中，文化应运而生，语言和文化在互相作用中共同发展。语言是文化的镜子，同时也是一种重要的交际方式。交际是在具体的文化背景下发生的，是信息传递的过程。这种信息传递，是以语言为载体，同时也是文化传播的重要方式。没有交际的存在，即使个体拥有再扎实的语言知识和文化环境都无济于事。因此，交际也是人类语言文化得以共享与传输的重要纽带。

语言是人类思维方式、价值观念、生活方式的反映，表现出了一定的社会环境因素，交际是语言和文化间的桥梁。语言、文化、交际三者密切联系，是三位一体的统一关系。在教学与学习过程中，应该重视这种关系，从而提高教学的全面性与人才培养的应用性。

第二节 跨文化交际的内涵解析

一、跨文化交际

爱德华·霍尔，美国人类学家，被誉为"跨文化交际学之父"，他曾说："文化就是交际，交际就是文化"。前半句说的是文化的特征，即文化需要通过交际对文化成员进行熏陶，也需要通过交际得以传承；后半句说的是交际的特征,即文化会对交际方式产生影响。

霍尔在《无声的语言》中首次提出"跨文化交际(intercultural communication)"[1],许多学者对这一概念都提出了各自不同的观点。辛格(Singer)认为,任何两个人之间的交际都是跨文化交际,在文化层面上来说,每个人都是独一无二的[2]。

在波特和萨莫瓦(Porter & Samovar)看来,不同国家之间的文化差异与不同职业之间的文化差异并没有什么区别,只是程度不同。他们还补充道,当一个人对另一个人的行为做出反应时,交际就发生了,并且由于文化感知与象征体系的差异导致人们在交际活动中发生改变[3]。

《朗文语言教学及应用语言学辞典》中对"跨文化交际"一词的解释是:交际是不同要素、不同个体甚至是不同文化在发展过程中出现的相互影响的持续性过程,当不同文化之间出现交际时,跨文化交际就成为必然结果,但对跨文化交际的构成模式不同学者有着不同的解释,尚无定论。

二、关于跨文化交际的研究

(一)关于跨文化交际发展历程的研究

1. 国外跨文化交际发展历程的研究

跨文化交际学囊括了语言学、心理学、文化学等学科。作为交叉学科,其兴起时间较晚,大约在19世纪50年代末,但其产生后便在世界范围内掀起了广泛浪潮。

跨文化交际切实应用到社会生活中是在第二次世界大战结束后。第二次世界大战之后为解决生活工作需要,大批美国人需要到海外进行谋生或拓展海外业务,但由于文化的不同,在接触过程中碰到了大量

---

[1] Hall, E. T. *The Silent Language*[M]. New York, NY: Doubleday, 1959: 118-119.
[2] Marshall E. Singer. *Intercultural Communication: A Perceptual Approach*[M]. Cliffs, NJ: Prentice-Hall, 1987: 1-2.
[3] Larry A. Samovar, Richard E. Porter. *Communication between Cultures*[M]. Belmont, CA: Wadsworth Publishing Company, Inc., 1995: 50-51.

问题,不仅包括语言沟通的障碍,还包括生活习惯、饮食习惯和社会要求方面,极大地阻碍了工作进程。为解决这一问题,美国开展了跨文化交际学的实际应用教学,大批美国人在此次教学过程中获益。从此次开始,跨文化交际学逐渐得到越来越多的人重视。

1959 年,爱德华·霍尔最早提出"跨文化交际"的概念。20 世纪 60 年代中期,匹兹堡大学的一批学者建立了一个研究中心,由户普斯主编的《跨文化交际学读本》当时在教学中得到了广泛推广。

20 世纪 70 年代后,跨文化交流取得了长足的进步,跨文化交际不再只拘泥于简单的概念与形式,逐步走向独立学科的发展道路,这意味着跨文化交际已得到国际社会的正式认可。在交流协会内部,国际交流学会已经正式建立了跨文化交流的分支机构。

20 世纪 80 年代,美国创建了一个跨文化培训和研究协会,成为世界上第一个跨文化交流的专业组织。自成立以来,跨文化培训和研究协会一直参与美国的跨文化交际研究。直到 20 世纪 90 年代,研究界逐渐将注意力转向国际问题,包括美国和东亚之间的沟通。

总体来说,进入 21 世纪,有关国外跨文化交际研究内容,按照每篇文章研究内容的不同,将它们分为以下 7 类:总计 100%,理论与研究方法占 6.11%、文化比较 7.78%、文化适应与跨文化训练 51.67%、跨文化交际与外语研究 1.67%、种族歧视 1.67%、跨文化交际能力 1.11%、专题 30%。可以看出,占比例最大的是文化适应与跨文化训练,最小部分是跨文化交际能力。众所周知,美国是一个移民国家,美国文化的多元化与大量移民的涌入息息相关,移植文化是美国文化的一大特点,正是因为如此,跨文化交际最先在美国发展起来,文化适应与跨文化训练也成了跨文化交际研究学者最感兴趣、最为关注的话题。有关这方面的研究涉及了美国社会的各个方面:经济、政治、文化教育、军事、科技、宗教等。

2. 国内跨文化交际发展历程的研究

20 世纪 80 年代,我国开始关注到跨文化交际方面的研究,近年来,随着全球化和素质教育的影响,这方面的研究迅猛发展,已形成相对完善的认识。随着跨文化交际热在我国的兴起和发展,国内开始重视对这一课题的研究,陆续出版、发表了一些相关的专著和论文。

我国自 20 世纪 80 年代中期逐渐开始了对跨文化交际的研究。国内的一些高校,如北京外国语大学等还开展了课程试点。与此同时,关于跨文化交际的著述也逐渐出版,得到广泛认可。后期在各大高校陆续进行试点展开,跨文化交际学逐渐成为一门正式学科。

1988年,胡文仲教授出版了《文化与交际》一书,书中展现了我国在一段时期内在文化与交际方面的研究成果,并对外语教学做出肯定。

1995年,跨文化交际学术讨论会在哈尔滨举行。这是国内第一次大规模的跨文化交流学术研讨会,还创立了国内第一家跨文化交际研究机构。此次研讨会意义重大,会议再次强调了在国际化、全球化的形势下跨文化交际的重要性。

1997年,第二次跨文化交流学术讨论会在北京举行。同年,"跨文化交际""外语与文化交流"等相关的课程相继在全国各地的高等院校开设。这充分说明,跨文化交际研究已受到我国语言学、外语研究学者的关注,获得了长足的发展。

进入21世纪,国内学者对跨文化交际的研究领域更为广阔。

林大津与谢朝群(2005)合著的《跨文化交际学:理论与实践》(福建人民出版社)分为"回顾篇""理论篇"和"实践篇"。"回顾篇"主要厘清相关概念,为全书探究做铺垫;"理论篇"对国外相关理论先介绍后评析,然后从修辞学和语用学视角提出(跨文化)言语交际"效应论",首次区分出了两种交际成功观,即认知性成功和社交性成功;"实践篇"一改以往罗列文化差异的传统套路,专门就探讨文化差异的方法论展开学术对话。

2013年,林大津又发表了《美不胜收,瑕不掩瑜——〈英汉对比研究〉方法论一窥》一文,进一步呼吁加强语言文化对比方法论方面的定性与定量研究。

胡超(2005)在《跨文化交际——E时代的范式与能力构建》中,对众多理论进行了精练的研究概述,把这些理论归类为三大超理论,即涵盖规律超理论、系统性超理论和人类行为超理论。

许力生(2006)在《语言研究的跨文化视野》中,从全球化时代跨文化交际已成为普遍现实的大背景出发,以超越文化和学科藩篱的眼光审视现代语言学的学术研究取向与研究实践,反思语言学一系列颇有影响的理论与方法,并在此基础上对语言研究的进一步发展提出了独到见解。

张红玲(2007)在《跨文化外语教学》中,阐明了在英语发展成为国

第一章 跨文化交际与跨文化交际法

际通用语形势下,英语教学的最终目的是培养具有跨文化交际能力的外语人才,并提出了具有现实意义和参考价值的中国跨文化外语教学一体化框架。

严明(2009)在《跨文化交际理论研究》中,集中论述了各种理论的概念、定理及其应用,并分别进行简要的批评小结,还详细介绍了各种跨文化教学策略和文化教学课堂活动及测试手段。

戴晓东(2011)在《跨文化交际理论》中回顾了跨文化交际理论的发展历程,追溯了其思想渊源,围绕跨文化交际中的"差异与冲突""适应与融通""身份与认同""意义与能力""权力与合法性"以及"全球化语境"六大紧密联系的核心议题,层层推进地介绍和分析现有影响广泛的跨文化交际理论流派。

总体来说,当前中国学者对于跨文化语用学非常关注。因为我们在使用其他不同语言的时候总是免不了受到母语语言背景及文化的影响。来自不同国度、有着不同文化背景的人在进行语言交流的时候都避免不了语用差异。中国学者关注的还有一个重点就是跨文化交际与外语教学。外语教学旨在使来自不同文化、不同背景的人们进行顺畅的交际。有关研究方法,从研究结果我们可以发现,国内跨文化研究绝大部分是非实证研究。可见,我国跨文化交际研究因为没有自己独立的学科地位和专属核心期刊作为学术交流平台,而需要在其他学科的夹缝中求生存,这难免导致研究领域、学科分布不够广泛深入。因为没有自己的学科地位及交流平台,相关学者们不得不考虑哪个学科对跨文化交际研究的接受程度大就集中在哪个学科做相关研究。有些领域的研究虽然非常重要,但因为跨文化交际研究在该领域得到学术认可的概率低,而使学者们的研究热情受到抑制。这种局面若不改善,以上问题在短期之内较难解决。

(二)关于跨文化交际能力模式的研究

陈俊森、樊葳葳等人(2006)指出跨文化交际由发送者、接受者和信息/反馈组成,提出了跨文化交际模式,如图1-2所示。从内部分析,接收者接收到信息后,根据个人的思维习惯对信息进行处理,对加工后的信息按照个人习惯方式再进行转述,而从外部来看,参与者既是接收者同时也是发送者,对于这种自我意识的处理过程是跨文化交际学研究中的重要课题。

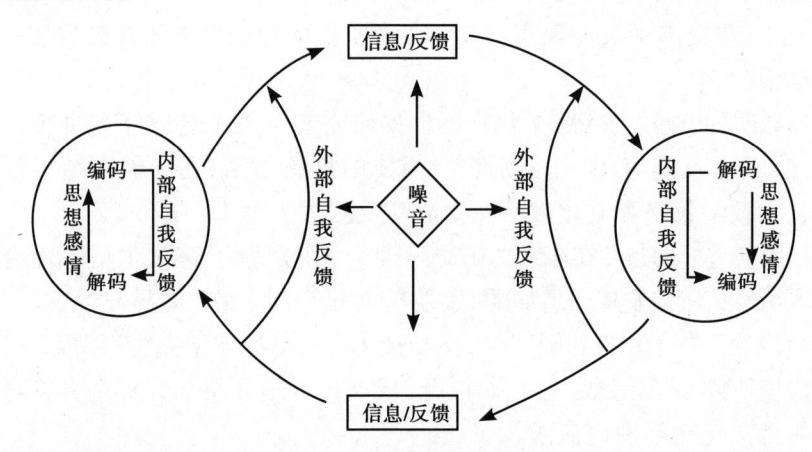

图 1-2　跨文化交际模式①

（资料来源：陈俊森、樊葳葳、钟华，2006）

贾玉新（1997）认为，跨文化交际能力应包括基本交际能力系统、情感和关系能力系统、情节能力系统和交际方略能力系统。②基本交际能力系统主要是强调交际个体为达到有效交际的目的而必须拥有的能力，包括语言、学习、沟通以及文化。在情感能力系统中，要求能够正确认识文化之间的差异，能做到理解双方在文化准则上存在的不同，能够做到以差异性的标准评价和解释对方的行为，其中移情能力显得尤为重要。情节能力指的是跨文化交际中的参与者拥有根据情景的变化而表现出的能动调节。

王宝平（2016）则指出跨文化交际能力培养包括社会文化知识能力、语言技能、语境选择能力、语言知识能力、交际者关系判断能力等的培养。③

文秋芳（1999）提出的跨文化交际模式包括三部分：对文化差异的敏感性、宽容性以及处理文化差异的灵活性。这三者之间是由低层次向高层次过渡的，存在明显的层级关系（见图1-3）。④这就使得发展跨文

---

① 陈俊森，樊葳葳，钟华.跨文化交际与外语教育[M].武汉：华中科技大学出版社，2006：1.
② 贾玉新.跨文化交际学[M].上海：上海外语教育出版社，1997：63—68.
③ 王宝平.基于跨文化交际能力培养的英语教学策略[J].教育理论与实践，2016（26）：49-51.
④ 文秋芳.英语口语测试与教学[M].上海：上海外语教育出版社，1999：4.

化能力具有不可跨越性。这就意味着在教育实践中必须遵循这一客观规律,严格遵循从低到高的培养形式,从学生的思维意识入手,循序渐进,能够做到从对文化差异的认识到对文化差异有自己的见解和看法,能够做到求同存异,理解、尊重文化差异。

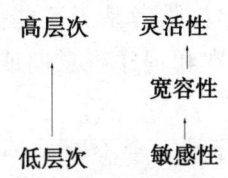

高层次　　灵活性
　　　　　　宽容性
低层次　　敏感性

图 1-3　跨文化交际模式三部分的层级关系

(资料来源:文秋芳,1999)

第三节　跨文化交际的基本模式

很多学者针对跨文化交际的过程、性质、效果等提出了一些模式。关世杰基于对施拉姆的交流模式,对跨文化交际过程进行了描述,形成了自己的跨文化交际模式,如图1-4所示。他将跨文化交际分为三个过程:编码、通过渠道传递和解码。编码和解码是在不同文化的码本中实现的。

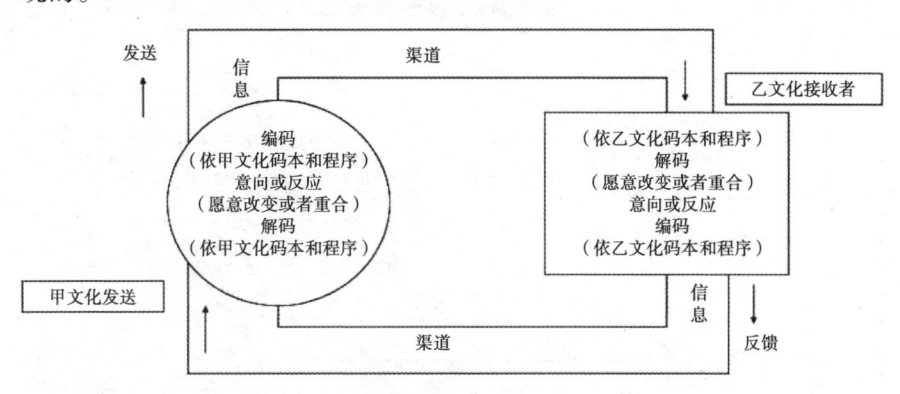

图 1-4　关世杰的跨文化交际过程模型

(资料来源:付岳梅、刘强、应世潮,2010)

根据图1-4可知,甲文化发送者将所要发送的信息依甲文化码本和程序进行编码,通过信息渠道传送给乙文化接收者。乙文化接收者依据乙文化码本和程序来对信息进行解码。不同的文化既有相同之处,也有不同点。所以,解码所获得的信息意义与原信息意义可能会有重合,也会发生一定的变化。乙文化接收者基于这些信息,形成意向,或做出相应的反应,并结合乙文化码本和程序将意向或反应进行编码,将结果反馈给甲文化的发送者。

根据图1-5,跨文化交际是一个不断循环的过程,信息发送者与接受者的角色处于不断互换中。

关世杰提出的跨文化交际模式体现了跨文化交际的过程及不同文化码本对这一过程的影响,但是该模式是从传播学的角度出发的,主要关注交际过程,没有涉及跨文化交际的要素与结果。

多德(Carley H. Dodd)从文化学者的角度提出了跨文化交际模式,具体对跨文化交际的过程与模式进行了分析,如图1-5所示。

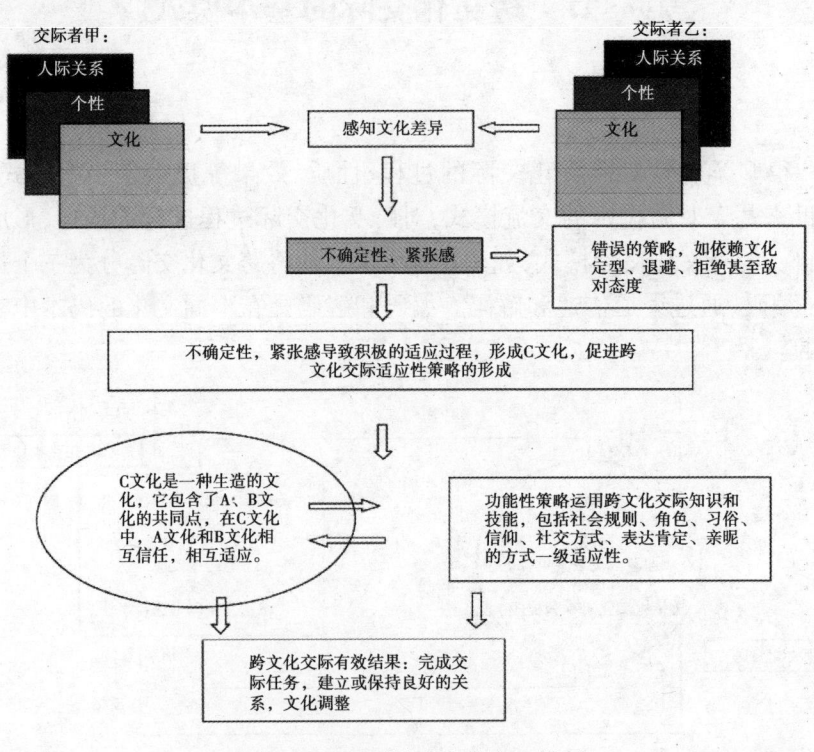

图1-5 Dodd的跨文化交际模型

(资料来源:付岳梅、刘强、应世潮,2010)

根据多德的模式可知,交际差异的来源不仅仅限于文化。人际关系与性格对"感知文化差异"也会产生影响。在跨文化交际中,除了要对交际者的文化共性进行关注,还要考虑个别差异。由于存在"感知文化差异",交际过程中出现不确定性与紧张感的情况经常发生。若交际者太依赖文化定型,或采取退避、拒绝甚至敌对的态度对待其他文化背景的交际者,交际活动可能会失败。若交际者选择恰当的交际策略,以包容态度面对不同文化背景的交际者,能帮助建立一种基于交际双方共同性的第三种文化,也就是C文化。C文化的建立使得交际双方可以基于一定基础而采用合适的交际策略,正确运用相关交际知识与技能,使交际更有效。而且,良好的交际效果对于C文化的范围起着拓展作用,使A、B文化的交际者在更加广阔的领域中达成统一的认识,从而形成良性的互动。

根据上面的分析可知,多德的跨文化交际模型既涉及影响跨文化交际的因素、交际的过程、简单的交际策略和交际所应达到的效果,又有助于跨文化交际能力的界定、交际过程的控制、交际策略的选取以及交际结果的评价。

第四节 跨文化交际教学法研究

跨文化交际法,简言之,主要指配合语言形式教学,培养学生跨文化意识和跨文化交际能力的教学活动。外语教育的根本目的在于培养跨文化交际的人才,而跨文化交际能力的形成并非只是一个简单的知识学习过程,而必须实现心理深层的调整,帮助学生形成对待世界各民族文化的正确态度和信念。因此,只有提高学生的跨文化交际意识,提高学生的跨文化敏感度,进而提高学生的跨文化交际能力,才是外语教学的最终使命。语法翻译法、交际型教学法等传统的教学法却忽视了这些。

语法翻译法是"用母语翻译教授外语书面语的一种传统外语教学法,即用语法翻译加翻译练习的方式来教学外语的方法"。其代表人物为奥朗多弗和雅科托等。语法翻译法可以夯实学生的语法基础,规范学生使用语言的语法规则,能够使学生说出规范准确的外语句子。重视阅读能力的提高,能够提高学生的书面表达能力。教师用母语教学,易于知识的传授。但是,这种教法的致命弱点是忽视学生听说能力的培养;另外,这种教学方法以教师为中心,扼杀了学生的积极性,所以课堂气氛沉闷,学生学习兴趣不高,费时低效。因此,随着时代的发展及社会对于外语人才的要求,这种教法注定要被新的教法所代替,交际法就是在这种背景下应运而生的。

交际法又叫"交际语言教学法",是以有意义的交际为主要特征和最终目标的外语或第二语言教学方法。美国人种志学者和社会语言学家海姆斯被公认为是交际法教学的首推者。海姆斯交际能力理论的主要观点就是说话者要进行有效交际,不但要具备语言能力,还要了解语言是如何使用以达到交际目的的,即说什么、何时说、跟谁说、怎样说和为什么要这样说的问题。另一位美国社会语言学家,奈莎·沃尔夫森(Nessa Wolfson)把海姆斯的观点理解成说话者不仅语言表达要准确,还要符合社会语境。后来这种理论就和外语教学结合起来,在20世纪70年代轰动一时,外语教学从以培养学生语言能力为主,转向重点培养学生的目标语社会文化能力,即交际教学法。交际法之所以能够风靡一时,其自身也有一些优点,表现在:交际法重视发展学生的交际能力,给学生提供了运用语言的真实情境,发展和提高了学生听、说、读、写的综合能力;交际法能创造融洽、自由的课堂气氛,使学生从古板、枯燥、压抑的课堂中解放出来,寓教于乐;交际法发展了学生的话语能力。与以教师为中心的传统教学法不同,交际法使学生更多地参与语言运用活动,学生接触到的和使用的不是孤立的词汇和句子,而是连贯的表达。

但是学习语言与文化就是要增强语言和文化意识,掌握跨文化交际的技能,培养对不同文化的开放、宽容、移情的态度。这样,外语教学又向前发展了一步,出现了跨文化交际法教学,把培养跨文化的人作为其最终的培养目标。

在论述跨文化教学法的相关问题之前,让我们先看五个"三位一体"的发展趋势。

(1)教学法的演变:语法翻译法—交际法、视听法—跨文化交际教学法。

(2)教学大纲的演变:结构大纲—功能意念大纲—跨文化交际教学

大纲。

（3）语言的使用要求：准确—流利—准确、流利、得体。

（4）对英语语音的要求：native speakers—speakers with a good command of multi-culture—successful communicators。

（5）学习者的要求：语言能力—社会文化能力—跨文化交际能力。

从以上发展趋势可以看出，无论是教学方法、教学大纲的设计、语言本身的变化，还是对于语言学习者的培养目标、要求等都在不断地发生着变化，处在一个动态的、从低到高、从片面到全面的发展过程。

在以上各个"三位一体"之间，或是每个"三位一体"内部各要素之间，都相互联系、互相影响，并不是彼此孤立、互不相干的。鉴于此，对于外语教学，就提出了更高的要求。教师不仅要培养学生的语言能力，掌握所学语言的知识体系和应用规范，以期能与该语言群体的人们有效交流（外语交际能力），还要求学习者超越本族语和目的语及其相应的具体文化的束缚，了解各种不同思维方式和生活方式，开阔视野，培养灵活的、适于多种社会文化环境的交际能力（跨文化交际能力）。这就要求教师一定要更新教育教学理念，采取一种跨文化交际教学法，以培养跨文化的人。

既然"语言—交际—文化"是捆绑式的三位一体，那么互动式跨文化教学法将是很不错的选择。抓住"交际"这个维系和推动语言与文化发展的关键环节，在"交际"上下功夫，形成全方位的互动。首先是语言、文化、交际之间的两两互动，三者综合互动；然后是师生互动、生生互动；还有中国文化与异文化的互动，使外语教学形成一个个的互动模式，使各个环节都动起来。

一、"语言、交际、文化"互动

改变传统的静态输入语言和文化知识的模式，以交际为激活手段，将语言和文化密切结合起来。教师要深挖语言中潜在的文化因素，比较不同的文化是以怎样的语言形式表达出来的，然后适当加工，再以交际为手段，既教授学生语言知识、培养语言技能，又培养他们的文化意识、文化情感和文化行为能力。比如，在处理《综合英语教程Ⅰ》中（高教版，邹为诚主编）western wedding ceremony时，让学生先从词汇和语篇层面准确把握西方婚礼的一些特点，如地点、程序和婚礼上的主角等。然后,鼓励学生在课外搜集关于中国传统婚礼的一些文化知识,并能用英语表达。接下来,进行中西婚礼的跨文化对比,可以小组讨论或辩论,最后以独白、对话或短剧的形式展示结果。这样,学生在语言层面上掌握了有关中西婚礼的一些关键词和表达法;在交际层面上学生懂得如何进行中西文化的互动,能用英语介绍中西婚礼,并通过互动交际的手段(而非单调的传授法)在文化层面上提高了学生的跨文化认知能力、跨文化意识和跨文化行为能力。

二、师生互动,生生互动

对于一个有关文化的话题,在师生充分准备的前提下,可以进行师生互动,生生互动。教师不再是纯知识的传播者,不再是学生行为的监视者,而是学生学习的助手、参谋、合作者。学生之间不是各自为政,而是一个相互合作的集体。集体活动离不开每个人的参与,每个人都不是多余的。教学活动分工不再那样明显,看不出哪些应该是教师做的,哪些应该是学生做的,需要大家合作完成。例如,在处理《综合英语教程Ⅰ》中(高教版,邹为诚主编)关于"美国人眼中的英国"和"英国人眼中的美国"的文化话题时,先让学生自由表达对于美国/美国人、英国/英国人的普遍认识。这中间会有学生随时打断别人的发言,提出异议,并补充自己不同的观点。教师也会时不时地插话、评论,提醒大家要用动态的眼光去评价不同文化背景人群的价值观等。然后,以角色表演、个案研究和自由辩论的方法,创设文化情境,使不同文化背景的人展开对话,从而使学生体验跨文化交际的困惑与快乐。

三、跨文化交际不能缺少中国文化

跨文化交际就是说话者的第一语言与文化和其他语言及文化进行互动的过程,这个互动是双向的,缺一不可。所以,语言学习者首先必须要深谙自己的母语文化,在此基础上才能更好地理解和吸纳异国语言文化。作为中国人,在吸收和借鉴外国优秀文化的同时,更应该将我们深邃悠久的优秀文化介绍到国外去,便于他们了解中国。很难想象,一个中国人,对别国的文化夸夸其谈,可是对自己的母语文化却一无所知,这样的场面肯定是非常尴尬的。我们学习异国语言文化的基点是本国的语言文化,否则,学习异国文化就会成了无源之水,无本之木。学习者要站在自己的语言和文化角度审视异国语言文化,同时也要辩证地用异国语言文化审视自己的语言文化。学习异国文化不是抛弃本国文化,而是更加充实和丰富本国文化,然后集多种文化之美,成为一个具有多种文化身份的人,即跨文化的人。教师如果可以通过多媒体技术、网络优势,立体、形象、直观地展示文化的魅力,教学的效果更好。在大学英语教学中有意识地融入具有中国特色的文化知识,如中国传统节日、中国谚语成语、中国古代经典故事、中国经典名著、中国诗词等及其相应的英语表达,也可以让学生观看电影《汉字五千年》等有关中国文字和历史知识的影视作品等。这样的资源很多,应充分利用课堂内外时间,加强学生对母语文化的了解,并与异文化进行对比,这样学生才能更好地欣赏和吸收异国文化。

第二章 跨文化交际教学法与高校英语教学的融合

当前,中国进入新时代,中国教育也迈开了新的步伐,高校外语教学也是如此。但是,随着时代的发展,国家之间交往日益紧密,国家对高校英语教学的要求也更为严格。如何将跨文化交际教学法应用于高校英语教学,成为当前高校英语教学研究的重要课题。很多学者开始研究如何通过跨文化交际教学法,使高校教师的课堂变得更为丰富和多样。因此,本章将研究跨文化交际教学法与高校英语教学的融合。

第一节 跨文化交际法在高校英语教学中的作用

当前,跨文化交际法在高校英语教学中有着重要的作用,其不仅符合当代社会发展对教育的要求,也有助于实现高校英语教学的目标,同时符合中国的国情,下面重点探讨跨文化交际法在高校英语教学中的意义。

第二章 跨文化交际教学法与高校英语教学的融合

一、符合经济发展的需要

改革开放以后,中国发生了翻天覆地的变化,从曾经的贫穷落后的农业大国已经跃升为世界第二大经济体。即使如此,中国依然有着更高的目标,依然要不断提高自己在国际上的经济地位和市场竞争力。国际市场竞争力说到底还是人才的竞争力,大学作为为国家培养、输送人才的主要基地,也必须适应我国经济发展的需要。英语作为高等教育的一门基础学科,影响着学生的职业生涯和可持续发展。英语能力不仅体现在英语知识的掌握程度上,还体现在文化背景知识上。从这一点来讲,高校英语教学中的跨文化教学是必不可少的。

二、实现英语教学目标的保障

从本质上讲,英语教学的主要目标是培养和提高学生的英语使用能力,从而能够面对日后的跨文化交际。因此,越来越多英语教学者开始认识到英语教学的工具性、实用性与交际性。美国语言学家萨丕尔(Sapir)在其著作《语言论》中指出,"语言有一个环境,它不能脱离文化而存在,不能脱离社会继承下来的各种做法和信念。"[1] 英语教学进行跨文化教育能够推动英语教学的发展,并且对人才的培养和英语教学目标的最终实现都大有裨益。

语言不仅是传播信息、交流思想的重要媒介,对于民族文化的传播也发挥着重要的载蓄功能。全球化的发展使不同国家的文化互相交流,因此不同的价值观就会和本土文化进行磨合。

外国文化在我国的传播与交流,可以使我国人民了解其他国家的文化形式,在另一种程度上还能扩展本土文化和民族文化。全球化的出现是一把双刃剑,我国应该抓住这个机遇,积极谋求新的生存与发展方式。英语教学作为培养跨文化交流人才的重要方式,应该在教学中融入西方国家的文化,同时还需要深深植根在本土文化中,发扬我国优秀的传统文化,使学生具备宣传本民族文化的意识与能力。

---

[1] 许迎军.英语教学实施素质教育简论[J].辽宁高等教育研究,1999(1):85-89.

英语教学不仅是让学习者掌握基础的语言知识和技能,还需要培养其英语思维能力,使其能够融入跨文化交际环境中展开具体的交际行为。跨文化教育能够使语言学习者掌握新的知识与文化,同时还能更加深入地了解本国文化与他国的文化事物,因此是一种素质与能力双重提高的教学方式。在进行跨文化英语教学时,应该从本质上反映出语言与文化、语言教学与文化教学的联系。

三、适合中国环境的教学模式

跨文化教育,从实质上而言是不同母语思维和异域思维的碰撞,交际中的困难在很大程度上并不是因为交际者对语言知识掌握不足,而是由于对非母语文化的不了解。在全球经济、文化交流的大背景下,学生进行跨文化英语语言学习的目的是迎合社会发展交流的需要。

随着社会的发展,我国英语教学的对象变得更加多元,交际方式也更加多样。进行跨文化教育,能够提升学生的跨文化能力和信息交流能力。同时,社会的这种多元性还要求英语交际者要具备一定的合作意识和协作能力,从而通过跨文化教育提高整体人类的进步,并在这个过程中提升自己的文化意识。可以说,跨文化教育既满足了英语工具性的作用,也符合中国环境,对社会发展和人类文化的融合都大有裨益。

由于在我国的英语教学中,存在很多因不了解英语文化而造成的跨文化交际失误,加之我国缺少英语学习的社会环境,因此课堂教学成了学生获得英语基础知识并了解英语国家文化的重要渠道。跨文化教育是结合语言教学和文化教学的举措,能够为学生的英语学习营造良好的英语文化学习氛围,并防止母语文化的干扰,提高学生的跨文化能力。

四、有效教学的重要组成部分

英语语言教学不仅需要教授英语语言知识,同时还需要结合社会规范、语言交际环境、语言使用规则、语用规律等因素,从而使学生能够完成现实中较为复杂的英语交际。跨文化教育与高校英语教学是相互促进的关系。如果在高校英语教学中忽视跨文化的研究,就有可能导致英语教学费时低效现象的出现。

第二章　跨文化交际教学法与高校英语教学的融合

跨文化交际对交际者的文化能力有着较高的要求,而跨文化教育能够使学生了解中西文化的差异,提高文化的敏感度。同时,这种教学方式和研究视角还能使学生感受到英语教学与现实生活的联系,从而提高英语学习的兴趣与效率,避免交际中的文化障碍。因此,跨文化教育既能提高学生的学习能力,也能较好地实现英语教学效果。

五、符合高校英语课程的内在要求

《大学英语教学大纲》指出:"大学英语教学应帮助学生打下扎实的语言基础,掌握良好的语言学习方法,提高文化素养,以适应社会发展和经济建设的需求。"《大学英语课程教学要求》也指出:"大学英语课程不仅是一门语言基础知识,也是拓宽知识、了解世界文化的素质教育课程。"英语教学大纲倡导英语教学中应融语言知识与听、说、读、写四项技能于一体,在扩展语音和词汇部分内容的同时,鼓励学生观看英文影片、欣赏英文歌曲、运用多媒体学习各种影像资料,同时课上多进行情景练习都是从跨文化角度促进大学英语教学的手段与途径。在英语的教学中,总期望学生能自如地运用英语流利地交流表达,更加地道化,母语的味道越淡越好,可是学生在真正表达时,总是流露出母语的特色,用母语思维去行文造句,并且在思维方面由于对西方文化知识的欠缺,理解不当,致使表达欠妥或是扭曲。

高校英语教学的最终目的是使学生运用所学的语言进行交际,跨文化交际既是英语教学的目的,也是英语教学的手段。在高校英语教学中通过跨文化因素的导入,能够更清楚地认识英语的结构和本质,能够预言、解释、改正和消除母语对于英语学习可能产生的错误,极大地提高高校英语教学的效果。

六、解决"中国文化失语"问题的有效路径

为满足国家"开放"和"引进"战略对外语人才的需求,各层次外语教育过度倚重语言的工具性学习。长期以来,社会上已经形成了过分重视分数高低、忽视对学生德育培养的倾向,忽视人文教育。高校英语教学内容中人文性教育内容较少,导致了英语教学中的人文教育失去了内容支撑。外语教学紧紧围绕英语能力所代表的西方文化的学习,中国文

化相关内容长期处于被忽视状态。在应试教育目标的指挥棒下,教师的中国文化意识薄弱,将培养学生的英语应用能力看作唯一目标。另外,从人才培养的角度来看,我国师范类高校英语专业学生缺乏中华文化的学习,对中国传统文化缺乏系统的了解,这直接造成了英语教师的中国文化修养的缺乏以及中国文化教学能力的低下。培养出色的国际化外语人才的前提,是教师首先要具备足够的中国文化素养。

第二节 影响高校英语跨文化交际教学的两大因素

语言与文化密切相关,文化对语言有着重要的影响。文化不同,其影响下的语言也不尽相同。在高校英语教学中,了解中西方语言与文化差异,有助于了解英汉语言的规律与文化习俗,明确产生差异的原因。本节就对这些因素展开分析和探讨。

一、中西价值观差异

(一)中西价值观形成的环境影响

一个民族价值观念的产生、形成和发展主要受三种因素的影响:环境适应(environmental adoptions)、历史因素(historical factors)和思维方式的哲学基础(philosophical basis of thinking pattern)。由于不同民族在地理环境、历史条件等方面的差异形成了不同的思维方式,同时也形成了不同的价值观。一个民族的基本价值观念一旦形成,就会牢牢扎根于本民族人民的心中,而且代代相传。

中国位于亚欧大陆东部,东临太平洋,广大的中部平原适宜农耕,由此衍生出了中华文明。农耕生活方式,一方面使中国人可以安居乐业,另一方面,在生产力不发达的情况下,家族成员必须团结配合、相互帮助才能够应对自然灾害的侵扰,这样便使得中国的家族发展很快,而且极易形成大家族或家族群落。所以,在中国人的世界观和价值观里,家族成员之间的关系是生活的核心问题,久而久之,便产生了针对熟人圈子的仁(benevolent)、义(righteous)、礼(courteous)、智(intelligent)、信(trustful)等道德价值观念。

西方文明发源于古希腊,而古希腊紧邻大海,岛屿多,岩石多,土壤比较贫瘠,气候条件极不稳定,四季不分明,极不适宜农业生产。独特的地理环境和生产力的发展,决定了许多人无法从事农业生产而被迫"背井离乡",只有从事手工业生产,才能弥补自身的资源缺陷,得以生存。手工业者和工商业者的经济活动就是在交换中寻求利益,追求个人利益的最大化,从而保证自己的生活。受此生产方式的影响,智慧(intelligent)、勇敢(courageous)、节制(temperance)、正义(righteous)变成了西方人普遍信奉的道德价值观念。

就价值观的五个价值取向而言,中西文化差异很大。在人性方面,中国文化的核心主张"性善论",即"人之初,性本善(human nature is essentially good),性相近,习相远";西方文化受基督教影响,崇尚"原罪说"(theory of original sin),认为"人性本恶"(humans are basically evil)。在人与自然的关系上,中国文化自始就强调人类与自然的和谐,主张"天人合一"(harmony between man and nature),热爱自然,珍惜万物,追求和谐共生;西方社会认为人类是大自然的主人,为了人类自身的利益,必须征服和主导自然力量。在时间取向上,中国人高度重视传统文化,重视过去的经历,会习惯地往后看,并喜欢沿用过去一贯的做法;西方欧美人士更趋向未来时间,更注意变化和多样性,更注重科学研究及改革创新。在活动取向上,中国文化是"静"的趋向,提倡"以静制动"(take the quiet approach),"以不变应万变"(coping with all motions by remaining motionless);西方社会是一个强调行动"做"的社会,人们必须不断地做事,不断地处于行动中才有意义。在处理人与人之间的关系时,中国人比较崇尚集体主义的价值观,它是中国文化的主线;英美价值观念的主线是个人主义(individualism),崇尚个人,相对于社会的独立自主性,它强调的是自我和个人的成就。

(二)中西价值观的外在体现

在中国传统社会中,道德价值观与政治是密不可分的。道德价值观往往是从上至下、从中央到地方逐步推行的。在实践中,传统德治的主要内容包括施仁政（practice the benevolent governance）、重教化（pay attention to the cultivation）、强调官员道德修养（emphasize the moral cultivation of officials），以及建立社会的伦理纲常（to establish social ethics）四个方面。从社会制度文化来看，中国自隋唐以来实施1000多年的科举制度（imperial examination system），以严格的德智为基本要求，遴选知识分子精英作为官员，组成管理国家的政治集团，一大批知识分子与精英从社会不同层面代表了不同声音进入国家执政集团，与最高统治者一起讨论如何治理国家，有一定的民主作用。

在西方，天赋人权（innate human rights）的思想成为社会主流思潮，形成了西方个人本位的道德价值观。在西方道德价值观中，以不侵犯别人权利的个人本位作为准则。个人本位（individual standard）是西方人主张人的个性张扬与展示，主张享受人的权利与自由。这种传统使得西方社会不得不依靠法律来约束个人的社会行为，使平等、自由等成为人与人之间价值观的核心。受传统因素的影响，西方现代社会依旧在相当程度上属于分权制度（decentralization system），这是由西方社会政治多元化、党派多元化、信仰多元化的社会现实所决定的。各种利益的代表者由于惧怕最高权力统治者损害自己这个利益帮派的权益，主张权力制衡机制（check-and-balance mechanism）。所以，这种民主是既得利益各派权益的多向冲突抗衡而致的民主，一种拉帮结派竞争型民主，民主政治通过竞选（running for presidency）、普选（general election）、推荐（recommendation）等方式实现。

（三）中西方价值观的具体差异

中国传统哲学观是"天人合一"，指的是人对大自然的顺从和崇拜，并与大自然和谐统一。中国神话故事比如女娲造人、夸父追日、精卫填海及神农尝百草等都体现了救世精神（salvation spirit）、现实主义精神（spirit of realism）、坚韧不拔的精神（perseverance）和利他主义精神（altruistic spirit）。中国"天人合一"的思想必然导致集体主义取向、他人利益取向和以天下为己任的大公无私精神。讲仁爱、重民本、守诚信、崇正义、尚和合、求大同是中华优秀传统文化中的思想理念，也是一种思想道德价值追求和人格修养的独特品质。中国人崇奉以儒家仁爱思想为核心的道德规范体系，讲求和谐有序，倡导仁、义、礼、智、信，追求

第二章 跨文化交际教学法与高校英语教学的融合

修身(cultivate one's moral character)、齐家 regulate the family)、治国(manage state affairs)、平天下(run the world),追求全面的道德修养和人生境界,形成了中华传统美德和民族精神的核心价值理念。

西方哲学观自古倾向于把人与大自然对立起来,即天人相分(separation of nature and human),强调人与大自然抗争的力量。所以,西方重个人主义(individualism)、个性发展(personality development)与自我表现(self-expression)。他们认为一个人有时达不到自己的目的,那不是天命(God's will),而是自己懒惰,缺乏斗争精神。因此,西方价值观强调以个人为主体和中心,也就是有突出的"利己"(egoism, self-interest)思想。这种思维方式以实现个人利益、维护个人尊严等作为出发点,决定各种社会人际关系的建立,影响人们的价值评判,并形成相应的行为方式和态度。它肯定个人作为宇宙间一个独立实体的价值,强调人的权利和人与人之间的竞争,认为只有通过个人奋斗和竞争才能够确立自我价值(establish one's self-worth)和实现个人目标(achieve personal goals)。

1. 集体主义文化与个体主义文化

儒家思想(Confucianism)是集体主义文化的思想根基,汉语文化中更重视一个人是某个集体中的人(a group member)这个概念,所有"个人"被看作整个社会网中的一部分,不强调平等的规则,而是强调对群体的忠诚。集体主义者对他直接隶属的组织承担责任,如果不能完成这些责任和任务,他们就会感到丢脸。集体主义者对自己群体内的人很关心,甚至达到舍己救人、牺牲自我的地步,对群体外的人可能会很强硬。集体主义文化把"自我肯定"(self assertiveness)的行为看作窘迫的,认为突出自我会破坏集体的和谐(harmony)。集体主义文化中强调互相帮助和对集体负责。任何个人的事都要在集体的协助下完成,一个人的事也是大家的事,朋友之间对个人事务要参与和关心。与集体主义(collectivism)和利他主义(altruism)相伴随的是无私的奉献精神(spirit of utter devotion),当国家、社会和他人的利益与个人利益相冲突时,传统道德价值观往往教育我们要舍弃个人利益,以国家、集体和他人利益为重,把国家、社会和他人的利益放在个人利益之上,这种无私奉献、公而忘私的精神一直受到社会推崇,受到民众敬仰。

西方个体主义思想的哲学根基是自由主义(liberalism),它的基本主张是每个人都能做出合理的选择(make well-reasoned choices),有权依照平等和不干涉的原则(equality and non-interference)去过自己的生活,只要不触犯别人的权利,不触犯法律和规章制度,他们有权利追求个人的兴趣和爱好,一个好的公民是守法(law-abiding)和讲究平等的人(egalitarian)。在个人主义高度发达的社会中,它的成员逐渐学会并擅长表达自己的独特性(uniqueness)和自信心(self-confidence and assertiveness),表达个人的思想和情感,对于不同意见公开讨论,这些都是人们看重的交流方式。他们不害怕别人的关注(attention),因为这种关注才能证明他们的独特性。

2. 家族为本与个体为本

中国长达两千多年的封建社会是以家族为本位的社会制度,所以家族本位(family standard)在中国人的思想意识中根深蒂固。中国人以血缘关系结成错综复杂的层次网络,形成了高低贵贱的不同等级。中国古代传统道德的"三纲五常"(三纲指的是父为子纲、君为臣纲、夫为妻纲,五常通常指仁、义、礼、智、信)阐述和规范的是人与人之间的关系问题。在古代中国,子女即便是成年,依然与父母一起生活。在社会道德规范里,子女的首要义务是赡养父母。

中国人在处理事情的时候,往往从家族的整体利益出发,并且习惯考虑父母或者长辈的意见和建议,强调无大家就无小家,无国亦无家,家国一体。在中国的传统文化中,家风家训(family tradition and family instructions)文化是一个十分重要的组成部分,家风家训是建立在中华文化之根本上的集体认同,是每个个体成长的精神足印,是一个个家族代代相传、沿袭下来的体现家族成员精神风貌、道德品质、审美格调和整体气质的家族文化风格。传统家训的主要作用在于有效维系家庭成员之间的关系,从而建立和谐的家庭秩序。历史著名的司马光家训、颜氏家训、曾氏家训所蕴含的道德教育,主要内容包括:孝顺父母长辈、维持兄弟和睦、关爱他人、勤以修身、俭以养德、诚信无欺、早睡早起、参加家务劳动以及读书明理、学以致用等。这些家风家训伴随着中华文明的发展,已经深入到了我国国民的骨髓中,不仅能够在一定程度上提升人民的物质生活水平,还能丰富一个人的内在精神。

西方"天赋人权(man's natural right)"的思想及个人主义价值取向可以追溯到古希腊罗马时期,古希腊神话如乌拉诺斯、潘多拉的魔

第二章　跨文化交际教学法与高校英语教学的融合

盒、苹果之争、俄狄浦斯王等,体现了竞技性、竞争性、尚武性、残酷性、自私自利性等文化特征,也形成了包含乐观主义、确信生命只有为其自己而活着才有价值,为自我满足而奋斗才有意义的希腊精神,构成了整个西方文明和价值观念的灵魂。这种以个体为本的价值观认为,当个人利益与国家利益、社会利益、家族利益以及亲属利益相互冲突时,应当优先考虑个人的利益。

个体主义文化是一种以"我"为中心的文化,即 I cultures。在这种文化下,每个个人都被看作拥有独特的价值(intrinsic worth),每个人都极力表现出自己与他人不同的独特价值。个体主义文化非常重视个人主义(individualism)取向,强调"自我",在交际中表现出强烈的肯定和突出自我的色彩。这种突出自我的思想意识体现在行动上就是敢于标榜和突出自我,敢说敢为,敢于表现自己,表现出强烈的自我奋斗和自我实现的进取精神。

另外,因为他们身体力行个体主义,个体化意识根深蒂固的缘故,他们认为年龄、婚姻状况、收入、宗教信仰、婚姻状况、体重等都属于个人隐私,不允许别人干涉,打听个人隐私是令人难以容忍的。西方人非常重视个人主义(individualism)取向,强调"自我",在交际中表现出强烈的肯定和突出自我的色彩,这种观念可以在英语中大量的以 ego(自我,自我意识)和 self(自我,本人)组成的词组中体现出来,如 egocentric(自我中心的), ego ideal(自我理想化), ego trip(追求个人成就), ego-defense(自我防御), self-control(自我控制), self-confidence(自信), self-made(靠个人奋斗而成功的), self-reliance(自立), self-fulfilling(自我实现), self-help(自立), self-image(自我形象), self-interest(自身利益), self-protection(自我防护), self-respect(自尊)及 self-seeking(追求个人享乐)等。

二、英汉语言差异

英汉语言有各自的特点。英语句子有严谨的句子结构。无论句子结构多么复杂,最终都能归结为五种基本句型中的一种(主语+谓语/主语+系词+表语/主语+谓语+宾语/主语+谓语+间宾+直宾/主语+谓语+宾语+宾补)。英语句子结构形式规范,不管句型如何变化,是倒装句、反义疑问句还是 there be 句型,学习者都可以从中找到规律。

英语句子还采用不定式、现在分词、过去分词、引导词以及连词等手段使句子简繁交替、长短交错,句子形式不至于流散。

汉语句子没有严谨的句子结构,主语、谓语、宾语等句子成分都是可有可无的,形容词、介词短语、数量词等都可以成为句子的主语。一个字"走",也可以成为一个句子,因其主语为谈话双方所共知,所以不用明示其主语。汉语句子,不受句子形式的约束,可以直接把几个动词、几个句子连接在一起,不需要任何连接词,只要达到交际的语用目的即可,句子形式呈流散型。英汉两种语言的区别概括如下:

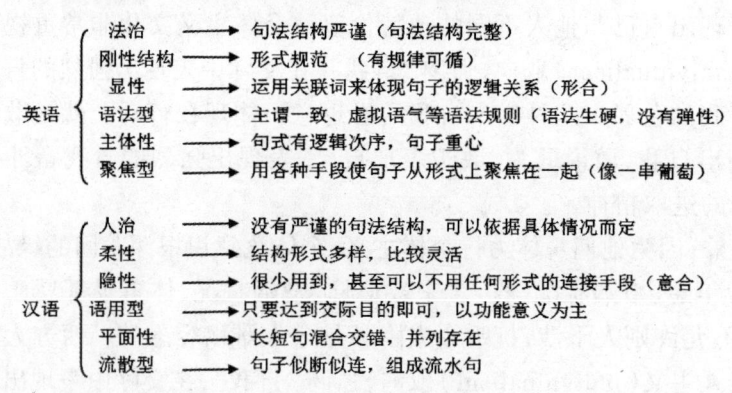

英语
- 法治 → 句法结构严谨(句法结构完整)
- 刚性结构 → 形式规范 (有规律可循)
- 显性 → 运用关联词来体现句子的逻辑关系(形合)
- 语法型 → 主谓一致、虚拟语气等语法规则(语法生硬,没有弹性)
- 主体性 → 句式有逻辑次序,句子重心
- 聚焦型 → 用各种手段使句子从形式上聚焦在一起(像一串葡萄)

汉语
- 人治 → 没有严谨的句法结构,可以依据具体情况而定
- 柔性 → 结构形式多样,比较灵活
- 隐性 → 很少用到,甚至可以不用任何形式的连接手段(意合)
- 语用型 → 只要达到交际目的即可,以功能意义为主
- 平面性 → 长短句混合交错,并列存在
- 流散型 → 句子似断似连,组成流水句

综上所述,英语是以形寓意,汉语则是以神统法。下面就从形合意合、思维模式和句子重心位置等几个方面进行具体阐释。

(一)意合与形合

意合(parataxis)即词与词、句与句的从属关系的连接不用借助于连词或其他语言形式手段来实现,而是借助于词语或句子所含意义的逻辑关系来实现,句子似断似连,组成流水句,语篇连贯呈隐性。中国的唐诗、宋词在建构语篇情境时,采用的就是意合。"形合"(hypotaxis)常常借助各种连接手段(连词、介词、非限定性动词、动词短语等)来表达句与句之间的逻辑关系,句子结构严谨,连接关系清楚。句与句、段落与段落之间彼此关联、相得益彰,像摆在我们面前的一串串葡萄。

1. 意合语言

汉语中很少用到甚至不用任何形式的连接手段,而比较重视逻辑顺序,通常借助词语或句子所含意义的逻辑关系来实现句子的连接,因

第二章 跨文化交际教学法与高校英语教学的融合

此汉语是一种意合语言,句与句之间的连接又称"隐性"(implicitness/covertness)连接,汉语句子可以是意连形不连,即句子之间的逻辑关系是隐含的,不一定用连接词,这无论是在中国的唐诗、宋词、元曲等古文作品中,还是在现代文作品以及翻译中都体现得淋漓尽致。例如苏轼的《水调歌头》:

> 明月几时有? 把酒问青天。不知天上宫阙,今夕是何年? 我欲乘风归去,唯恐琼楼玉宇,高处不胜寒。起舞弄清影,何似在人间? 转朱阁,低绮户,照无眠。不应有恨、何事长向别时圆? 人有悲欢离合,月有阴晴圆缺,此事古难全。但愿人长久,千里共婵娟。

全词言简意赅,没有借助任何连接手段,而是完全借助于隐含的意义上的逻辑关系完成了整个语篇意义的建构,以月抒情,表达了词人在政治上的失意,同时也表达了他毫不悲观的性格。

在现代文中这样的例子也比比皆是,下面就是一例:

> 到冬天,草黄了,花也完了,天上却散下花来,于是满山就铺上了一层耀眼的雪花。

可以看出汉语句子的分句与分句之间,或者短语与短语之间,在意思上有联系,但用很少的关联词连接每个分句或短语。英语中也有意合结构,但这种情况很少,句与句之间可以使用分号连接。

2. 形合语言

英语有严谨的句子结构,句型有规律可循(倒装句、反义疑问句、祈使句、疑问句以及 there be 句型等),语法严格而没有弹性(主谓一致、虚拟语气、情态动词用法、冠词、介词、代词、名词的格和数、时态及语态等),常常借助各种连接手段(连词、副词、关联词、引导词、介词短语、非谓语动词、动词短语等)来表达句与句之间的逻辑关系,因此英语是一种重"形合"语言,其语篇建构采用的是"显性"(explicitness/overtness)原则。例如:

So far shipment is moving as planned and containers are currently en route to Malaysia where they will be transshipped to ocean vessel bound for Denmark.

到目前为止,货运按计划进行中。集装箱货物正在驶往马来西亚的途中,在那里将被转为海运,开往丹麦。

英语中有时需要用 and 把词与词、句与句连接起来,构成并列关系。如果 and 删掉,就违背了英语严谨的句法规则,此句也就变成了病句。在汉语翻译中,and 不必翻译出来,句子的意义表达也很清晰。

在复合句的表达上,英汉两种语言存在着形合与意合的不同,即在句与句之间的连接成分是否保留上两者有本质区别。英语以形合见长,汉语以意合见长。

（二）句子重心

中国人和西方人截然不同的逻辑思维方式导致了两种语言句子结构重心(focus of sentence)的差异。英语重视主语,主语决定了词语及句型的选择。主语可以是人,也可以是物。西方人还经常使用被动语态来突出主语的重要性。汉语重话题,开篇提出话题,再循序渐进,往往按照事情的发展顺序,由事实到结论或由因到果进行论述,所以在汉语中多使用主动语态。英语重结构,句子比较长,有主句有从句,主句在前从句在后,甚至于从句中还可以包含一套主从复合句,句子变得错综复杂。每个句子就像一串葡萄,一个主干支撑着所有的葡萄粒。主句就是主干,通常放在句子的最前面。汉语重语义,句子越精练越好,只要达到表意功能即可。

综上所述,英语句子的重心应该在前,而汉语句子的重心应该在后。例如:

我们打交道以来,您总是按期结算货款的。可是您 L89452 号发票的货款至今未结。我们想您是否遇到什么困难了。

Please let me know if you meet any difficulty. Your L89452 invoice is not paid for the purchase price. Since we have been working with you, you are always on time.

汉语句子开篇提出话题,然后再说明所发生的事情,最后说明信函的目的,句子重心在后。英语句子则不同,开篇就说明了信函的目的,而且以对方为主,表示对对方的尊重,句子重心在前。

第二章　跨文化交际教学法与高校英语教学的融合

我公司在出口贸易中接受信用证付款,这是历来的习惯做法,贵公司大概早已知道。现贵公司既提出分期付款的要求,经考虑改为50%货款用信用证支付;余下的50%部分用承兑交单60天远期汇票付清。

Your request for payment in installments, with 50% of the payment by credit card, and the remaining by D/A 60 days' sight draft, has been granted despite the fact that it's an established practice for our company to accept L/C in our export trade as you probably already know.

汉语由几个短句构成,先谈规则,再谈按照对方要求所做的改动(即最终结果)。英语句子仅仅用了一句话,借助于介词短语、状语从句、方式状语从句等把所有的信息都涵盖了。句子错综复杂,理清句子结构显得尤为重要。句子中最重要的信息被放在了句首,也是句子的主干。为了达到这一目的,句子用物作主语,并使用了被动语态,突出了主句。主句 Your request for payment in installments has been granted 才是句子的重心。

The J. Paul Getty Museum seeks to inspire curiosity about, and enjoyment and understanding of, the visual arts by collecting, exhibiting and interpreting works of art of outstanding quality and historical importance. To fulfill this mission, the Museum continues to build its collections through purchase and gifts, and develops programs of exhibitions, publications, scholarly research, public education, and the performing arts that engage our diverse local and international audiences.

J. 保罗·盖蒂博物馆通过购买或接受赠品来扩大其收藏,开办展览项目,出版作品等方式进行学术研究,开展公共教育,通过表演活动吸引当地观众和国际观众。J. 保罗·盖蒂博物馆这样做的目的是通过收集、展览以及诠释高质量的、杰出的、有历史意义的艺术品,来激发人们对视觉艺术的好奇心,促进人们对艺术品的理解和欣赏。

相比较而言,英语总是能"直戳要害",开门见山地点出句子的重点和主题。我们平时阅读双语文章,有时候遇到汉语读不太懂的句段,反而看对应的英语翻译会觉得豁然开朗。大致原因也是要归功于英语的直观性了。

三、中西思维模式差异

中西方的思维模式存在明显差异,并且不同的思维模式其影响下的词语用法、句法结构、句子语序、句式结构以及行文特点等也有所不同。

(一)螺旋形思维模式

中国人的思维模式是螺旋式的流散型思维模式。整个思维过程按事物发展的顺序,时间顺序,或因果关系排列,绕圈向前发展,把做出的判断或推理的结果,以总结的方式安排在结尾。也就是先说事实、理由,再得出结论。行文如行云流水,洋洋洒洒,形散而神聚。例如:

昨晚,我厂发生了火灾,虽然最终扑灭,但是部分货物还是受损严重,其中有本打算周末发往您处的沙滩帐篷。我厂将尽快赶制一批帐篷,望您方将收货日期延长至下月底。

汉语思维:A fire broke out in our warehouse last night. Though it was put out soon, part of the stock was seriously damaged, including the tents which had been intended to send to you this weekend. We will try hard to produce a new consignment, and we hope that you can extend delivery to the end of next month.

英语思维:We will be grateful if you could extend delivery of the tents to the end of next month. A fire broke out in our warehouse last night, and destroyed part of the stock which we had intended to ship this weekend. We are trying hard to produce a new consignment to replace the damaged ones.

我们试着从买方看到汉语思维译本可能做出的反应的角度来分析一下,括号内为买方的可能反应。

A fire broke out in our warehouse last night.(Oh, sorry to hear about that. 仓库着火,深感同情。)Though it was put out soon, part of the stock was seriously damaged,(still, sorry to hear about that. 库存损失严重,还是深感同情。)including the tents which had been intended to send to you this weekend.(What! 什么?我们买的帐篷也烧了?惊

愕!)We will try hard to produce a new consignment,(oh, yeah? 你们在赶做我们的货啊?)and we hope that you can extend delivery to the end of next month.(Why don't you say it at first? 要推迟交货日期到下月末,哎呀怎么不早说呀!)。

相比较而言,英文思维译本显然就比汉语思维译本好多了。开篇就先把与买方息息相关的内容做了阐述,态度也会显得比较诚恳(We will be grateful if),不像汉语思维译文,会有推诿之嫌,引起对方的不快。

(二)直线型思维模式

在思维方式上,西方人理性思维发达,具有严密的逻辑性和科学性,是直线型思维模式。他们往往以直线推进的方式,进行严密的逻辑分析。在语言表达上表现为先论述中心思想,表明观点,而后再对背景、事件起因、经过、结果等分点阐述说明。在建构语篇时,他们也习惯于开篇就直接点题,先说主要信息再补充说明辅助信息。例如:

You will receive an itemized statement on the thirtieth of each month, as the enclosed credit agreement specifies.

按照附件中的信用卡使用协议,每月30日收到详细账单。

英语思维方式是先主要信息(receive an itemized statement),后辅助信息(as the enclosed credit agreement specifies);汉语思维方式是把主要信息放在后面(即每月30日收到详细账单)。

We will open the L/C as soon as we are informed of the number of your Export License.

我们收到你方的出口许可证号,就开信用证。

英语思维方式是先目的(open the L/C),再提条件(we are informed of the number of your Export License)。汉语思维方式是先提条件(收到你方的出口许可证号),再说明要达到的目的(开信用证)。

第三节 跨文化交际教学法融入高校英语教学的现状与任务

从当前社会背景看,我国应该在借鉴外国英语跨文化交际教学的基础上,从自身实际情况出发,对如何开展跨文化交际领域下的英语教学提出合理化的任务。就文化背景而言,世界文化是由不同文化群体构成的,各种文化都有属于自己的发展背景,也会涉及种族、性别等诸多方面的文化问题,所以教师应在跨文化交际视域下的大学英语教学中帮助学生理解这些文化背景。就本土文化而言,跨文化学习是学生重新看待本土文化的基础,所以要求教师在英语跨文化交际教学过程中引导学生对本土文化进行反思,发展自身的批判性思维,提高学生的文化认知高度。中西方文化存在差异,教师在跨文化交际视域下的大学英语教学中应引导学生尊重和理解中西方文化的差异,避免产生文化冲突。同时,教师应引导学生容纳不同文化之间的差异,做到不同文化的平等交际,进而实现合作。就文化价值来说,每个国家、民族均有自己的独特性,所以教师在展开跨文化交际领域下的英语教学中要使学生了解多种文化,让他们主动发现多种文化中蕴含的共同人性,以及多种文化对美好生活的追求,用开放的心态认识世界和自我,进而发现多元文化的价值。本节就对跨文化交际教学法融入高校英语教学的现状与任务进行研究。

一、跨文化交际教学法融入高校英语教学的现状

(一)教师对文化教学不够重视

教师是英语文化教学能否落实到位的关键因素。现代英语教学以培养跨文化交际能力为目的,因此教师不仅要有深厚的语言功底,还要熟练地掌握中西方的文化特色。但是,我国传统的英语教学显然对这一点看得不是很清楚或者根本没有意识到。我国的大多数英语教师都是

第二章 跨文化交际教学法与高校英语教学的融合

毕业于英语专业,而我国目前的高等英语教育在文化教学这一模块做得还不是很好,这样的教育培养出来的教师在文化基本功上有所欠缺,文化教学意识也比较淡薄,其中的详细原因主要包括以下几个方面。

(1)英语是第二语言,我国的大多数英语教师缺少英语学习的大环境,已经掌握的跨文化知识零散琐碎。另外,由于英语教师教学任务繁重,缺乏进行教学研究的充足时间和精力。因此,英语教师本身所了解的文化知识就很局限,拥有的文化意识也不足,没有意识到英语文化知识对英语学习的重要性,自然也不会在英语教学中重视英语文化教学。

(2)我国传统的英语教育是单纯的"骨架知识"教育,大多数英语教师只重视语言形式的正确性,教学中很少涉及如何得体地运用语言形式,对英语文化知识的介绍更是一件稀罕之事。有的英语教师虽然也介绍一些英语文化知识,但只是蜻蜓点水式的教学,缺乏系统性和条理性。英语教师的错误观念主要包括以下几种。

有些教师担心文化教学会加重学生的负担,因此不愿把紧张而宝贵的时间花在文化教学上,放弃了文化教学;有些教师认为只要学生记住单词、句型、语法等语言知识就够了,没必要教授英语文化知识;有些教师认为学生学习英语就是学习英语语言系统成分的正确用法,学生在此基础上自然会掌握实际应用语言的能力,因而忽视了语言的得体性和社会环境等重要因素在交际中所起的作用,忽视了英语文化教学。

(二)学生对文化学习持消极态度

长期的传统教学模式导致很多学生主体性的丧失,过分依赖英语教师,习惯于教师的灌输式教学,缺乏英语学习的自主性、自觉性,极少主动翻阅相关文化知识书籍。英语教学的长期状态是:教师教什么,学生就学什么;教师不教的,学生就不学。以教师为主导、学生为主体的教学模式仍然是一种美好的理想。

因此,可以很明显地发现,不善于、不积极或不方便获取相关文化的知识,是造成我国英语文化教学效果不佳的幕后推手。因此,要改变英语文化教学的不良状态,使英语文化教学变得更加高效,可以从改善我们的英语课堂气氛入手。所以,英语教师在英语教学中要注意创设文化交流的情境。有关调查显示,大多数学生认为观看原版电影以及同外国人直接进行交流是学习西方文化的最好办法。但大多数中国学生不具备同外国人直接进行交流的条件,因而电影欣赏便成为学生接触西方文化及输入西方文化的主要渠道。

(三)教材局限性较大

教材是英语教学的依据,英语文化教学在一定程度上被忽视,必然体现在英语教材上。目前,在我国所使用的英语教材中,其内容的主要来源是说明性、科技性较强的文章,大多为"骨架"知识,忽视了语言形式的文化意义。教材中涉及英语文化,特别是关于英语国家伦理价值、思维方式、民族心理等精神层面文化的材料较少。可见,我国的英语教材内容的局限性也不适应我国的英语文化教学亟待提高的要求。这使学生在学习英语时对非语言形式中的一些西方文化因素,如生活习俗、社会准则、价值观念、思维特征等了解不够。教材的文化内容有限,主要是由于我国目前的教学实践功利色彩浓重,片面追求学生书面语言能力(尤其是书面应试能力)的提高,忽略了文化因素在语言教学中的重要性。例如,外语教学与研究出版社出版的《新视野大学英语》各单元的主题中,直接与文化有关的仅有五个单元,它们是:第二册的 Unit 1 和 Unit 4,以及第三册的 Unit 3、Unit 4 和 Unit 7,而这套大学英语教材从第一册到第四册共有40个单元,有关文化的材料仅占12.5%[①]。因此,教材的限制使学生很少触及英语文化中的行为原则和准则,造成跨文化交际能力培养的收效甚微。

(四)教学制度与评估存在明显不足

我国的大学英语四、六级考试是衡量英语教学的重要标准。不可否认,大学英语四、六级考试对促进大学英语教学有十分重要的作用,因而它的存在必定有一些合理性。但是也必须承认,四、六级考试缺乏对英语文化知识的考核。实际上,不仅仅是四、六级考试忽视对英语文化知识的考核,大学英语的其他考试也是如此,只注重英语语言知识的考核,忽略英语文化知识的考核。目前,我国的英语教学普遍存在应试教

---

① 魏朝夕.大学英语文化主体教学探索与实践[M].北京:中国农业科学技术出版社,2010:6.

第二章　跨文化交际教学法与高校英语教学的融合

学问题,素质教育被应试教育所代替,文化教学被忽视。

另外,我国目前的大学英语教学的评估方法忽视了对学生文化知识的评估,也忽视了对学生跨文化交际能力的评估。长期以来,很多学校的考试都是只考查学生的英语语言知识,忽视了文化知识的考核。包括在我国有重要影响的大学英语四、六级考试也不例外。大学英语考试,尤其是英语四、六级考试,就像一根无形的指挥棒,指挥着教师和学生的英语学习,导致大学英语教学框架结构脱离了跨文化交际能力的培养,培养出的学生高分低能,尤其欠缺跨文化交际能力。

二、跨文化交际教学法融入高校英语教学的任务

教学任务即教学目的,在跨文化交际背景下,高校英语教学的目的在于提升学生的跨文化交际能力。具体来说,主要体现在如下几方面。

(一)培养和提高学生的跨文化交流心态

现如今,学生的学习中心地位得到了确立。作为英语教学的主体,教师如果想提高跨文化交际下大学英语教学的效果,也应该从学生的角度入手,培养和提高学生的跨文化交流心态。

英语教师可以在具体的跨文化交际教学中,进行文化的对比与分析,从而使学生了解不同文化间的异同,培养学生的跨文化交流意识。由于这种对比性教学能够使教学和学生的现实生活相联系,因此会调动学生的学习兴趣,也会提升英语教学的效果。国外很多学者在研究的基础上,总结出了理想的外语学习者的特征,具体如下所述。[①]

(1)能够适应学习环境中的团体活力,克服焦虑和干扰因素。

(2)寻找各种机会使用目的语。

(3)利用所提供的机会练习倾听针对他输出的目的语并做出反应。

(4)通过学习技巧来补充与目的语社团成员直接交往的不足。

(5)至少在语法学习的初始阶段,是个少年或成年而非小孩。

(6)具备足够的分析技巧和接受、区分和贮存外语的特征,并检测错误。

---

① 刘学惠.素质教育的课堂教学特征[J].课程·教材·教法,1999,(4):34-38.

(7)具备学习外语的强烈整体动力并具有强烈的任务动机。
(8)愿意冒险,勇于实践。
(9)能够适应不同的学习环境。

教师和学生都是跨文化交际教学的重要组成部分,需要教师和学生进行双重努力。学生应该从思想上进行改变,认识到跨文化交际的重要性,改变传统的应试教育的思想,从而切实提高自己的文化交际能力。

(二)促进整体语言教学法的发展与应用

整体语言教学法最初兴起于美国,能够提升我国的跨文化交际英语教学的水平。

整体语言教学法是一种"自上而下"的语言教学体系,主张从整体上出发,重视语境在教学中的重要作用,使教学能够真正满足学生的日常交际。

整体语言教学可以通过多种渠道展开。例如,小组讨论、英语调查、参观访问等。教师可以结合具体的学校教学条件,科学安排整体语言教学活动,从而最大限度地提升学生的英语跨文化交际能力。

第四节 跨文化交际教学法融入高校英语教学的原则与策略

有理念,就有方法论。方法形成之后,也不是恒定的,会随着理念的变化而变化。既然跨文化交际教学法融入高校英语教学的理念在广泛传播,那么它的实施原则与策略就需要探讨。本节就对这两方面内容进行分析。

第二章 跨文化交际教学法与高校英语教学的融合

一、跨文化交际教学法融入高校英语教学的原则

实施任何一种教学,都有着特定的准则。在文化教学的实施过程中,教师要根据文化的属性来制定相应的原则。具体来说,英语教学中实施文化教学应该遵循如下几项原则。

(一)以理解为目标原则

文化理解指的是"学习者以客观、正确的态度看待、理解母语文化和目的语文化,并能以得体的行为方式与非本族语者进行跨文化交际"。只有正确地理解自身以及他国文化,才能更好地进行跨文化交际。

因此,英语教学中强化文化性原则应当坚持以理解为目标的原则。在教学过程中,教师可以采取分析或解释目的语文化等手段,帮助学生了解两种文化的差异及其根源。

(二)文化包容性原则

黑格尔和马克思均指出,人类历史的发展必定导致世界历史的形成。大工业的发展以及对剩余价值最大化的追求,导致人类历史的发展跳出了地域限制,成为利益相关的命运共同体。在文化全球化的大格局之下,引领潮流的世界性文化不再单单由某个国家或民族来创造,而是由更多主体来创造。因此,文化全球化是世界文化创造主体和世界文化元素的多元化。如今的时代已经远离了文化霸权,而是你中有我、我中有你,倡导文化包容。文化只有具备包容的品质,世界不同国家和民族的文化才能在共存中达到更多的一致,进而使得世界各个国家和民族联系得更加紧密。在人类文化发展史上,封闭的文化会被推到边缘的地带,并且阻碍世界历史的前进脚步,只有那些包容性的文化才能主导世界文化,推动着世界历史的发展。

包容性的文化比较能够接受其他文化中的先进成分,能够较好地发展,也比较容易被其他文化所接受,因此就能够从地域性文化向世界性文化转变,进而成为推动世界文化进步的强大力量。从根本上讲,一种

文化之所以缺乏包容性,是因为文化创造主体的思想狭隘,并且这种封闭的文化也会影响生活在其中的人们的思维方式,使得他们也变得狭隘,缺乏开放精神,难以接受其他文化,从而导致世界在文化上的割裂。过于强调世界上的文化冲突,不利于世界文化的发展。只有包容性的文化,才有利于推动世界文化的车轮滚滚向前。

(三)文化的多维度互动原则

在英语教学中实施文化教学时,教师既要实现师生之间的互动,还要实现语言和文化的互动,更要实现中西文化的互动。就教师和学生之间的互动而言,教师教学影响着学生的学习,而学生又反过来影响着教师的教学传播行为。跨文化教育应该紧贴时代的教育脉搏,改变以前的单向传递模式,在互动中求得发展和优化。至于语言和文化的互动,学生应该了解语言和文化的相互联系,用发展的、动态的眼光看待二者之间的关系。在这个全球化的时代,不同文化之间的互动表现得越来越突出,互动的频率有所提高,互动的范围有所扩大,互动的深度有所增加。跨文化交流本身就要求进行文化的双向交流,语言本身也是在交流中产生和发展的,因此跨文化英语教育过程应是一个互动的过程。

二、跨文化交际教学法融入高校英语教学的策略

(一)创新教学方式,选择合适的跨文化教学方法

在跨文化交际教学中,教师应注重根据不同的教学内容和学生特点选取合适的教学方法,如情境教学法、比较学习法等,结合现代传媒手段营造跨文化交际情境,以活动为载体,重视学生交际性表达,营造轻松的学习氛围。

(二)以主题为引导,提升跨文化知识敏感度

在克拉申看来,最好的语言输入应依据话题进行,语言输入应与话题主题结合,互相伴随进行,只有将二者做整合性学习,语言的长时间学习才能带来语言结构的完整。因此,在教学中,要以教材为核心,建立

第二章 跨文化交际教学法与高校英语教学的融合

"主题丛",通过话题创设语境,拓展跨文化知识,培养交际意识,构建单元课程。具体体现在英语中,课程可以通过运动、天气、饮食、运动方式等划分主题,组织学生以小组合作的形式进行讨论,探究交流,在交互观点的交际过程中,教师引导学生不断发现跨文化知识,挖掘教材知识的文化深层次内涵,培养学生的跨文化交际思维。

(三)针对话题开展文化对比,形成跨文化交际积极心态

英语教学的首要目的是让学生能形成自己的文化观,教师起到的更多的应该是引领作用,引导学生以开放性的思维包容文化间存在的差异,正确地学习、对待其他文化。对比是最能体现差异的一种方式,教师在教学过程当中应通过差异性的比较,分析两种文化各自的特点。在英语教学中,教师还应在学生已有技能和中华传统文化内涵之间建立联系,帮助学生建立文化自信,培养在生活中灵活运用英文的能力,培养学生对待不同文化的积极态度。

第三章 基于跨文化交际法的高校英语词汇、语法教学模式

在英语语言中,词汇与语法是基本的构成成分与要素,词汇是学生学习英语的基石,语法是学生学习英语的规律。如果学生不具备基本的词汇与语法知识,那么他们的学习就无法正常展开。因此,在当前的高校英语教学中,词汇教学与语法教学一直是重要的组成部分。随着学习的不断深入,高校英语词汇教学与语法教学有了更深的教学目标,除了要教授给学生基本的知识外,还需要让学生掌握一些文化知识,这样才能不断提升他们的跨文化交际能力。也就是说,应该从跨文化交际法的视角审视高校英语基础知识教学。本章就对此展开分析和探讨。

第一节 基于跨文化交际法的高校英语词汇教学模式

要想掌握英语并有效运用这门语言,首先要掌握大量的词汇。但是仅仅扩大词汇量是不够的,还要了解词汇的基本含义和其深层文化,这样才能算是掌握了词汇,才能运用词汇进行跨文化交际,也才能算是达到了学习目标。语言与文化密切相关,作为语言基本组成部分的词汇也蕴含着丰富的文化知识,因此高校英语词汇教学应与文化教学相融合,基于跨文化交际法视角开展教学,从而切实提高学生的跨文化交际能力。

第三章 基于跨文化交际法的高校英语词汇、语法教学模式

一、文化差异对高校英语词汇教学的影响

语言是文化的载体,文化影响着语言,二者密切相关。不同民族的文化有着区别于其他民族文化的特色,而这种差异也会在语言中表现出来,并对语言起着重要的影响作用。就英汉民族而言,二者有着不同的历史文化、生活环境等,由此产生的文化差异都对词汇产生了一定的影响,进而对高校英语词汇教学造成了一定的影响。了解英汉文化差异以及对高校英语词汇教学产生的影响,可使教师和学生充分了解文化因素的重要性,进而有意识地进行文化教学和文化学习。以下就从文化负载词的三种类型出发,分析文化差异对高校英语词汇教学的影响。

(一)词义交汇词

中西方文化并非完全不同,也存在着部分共性,因此英汉两种语言中就必然存在一些意义交汇或者迭盖的词语,这些词语就是词义交汇词。这类词包含两种形式,一种是同义异形词,另一种是同形异义词。

同义异形词是指意义相同或相似的词语在英汉语言中有着不同的表达方式。在英语单词中,几乎大部分都是这类词,同时也存在不少成语与汉语词汇出现同义异形的交汇现象。下面来看表3-1所示的例子。

表3-1 高校英语词汇中常见的同义异形词

同义异形词	汉语	英语
1	如鱼得水	like a duck to water
2	像蠢猪一样	as stupid as a goose
3	雨后春笋般涌现	spring up like mushrooms
4	狼吞虎咽	eat like a hores
5	拦路虎	lion in the way

续表

同义异形词	汉语	英语
6	害群之马	a black sheep
7	爱屋及乌	Love me, love my dog.
8	水中捞月	fishing in the air
9	未雨绸缪	While it is westher, mend your sail.
10	挥金如土	spend money like water

（资料来源：张晨霞，2016）

此外，在英语单词中，同形异义词也占据着很大比重，表3-2就从不同方面来列举英汉语言中所具有的不同文化含义的相同词汇，即同形异义词。

表3-2　高校英语词汇中的同形异义词在英汉文化中的含义对比

类别		汉语中的文化含义	英语中的文化含义
动植物	doagon	怀有至高无上的尊重，是中华民族的象征	是一种喷烟火、凶残可怕的怪物，是灾难的象征
	bat	是幸福吉祥的象征，大吉大利的前兆	是一种邪恶的动物
	owl	与凶兆有关，象征倒霉的事情。"夜猫子进宅"更意味着厄运将要到来	是智慧的象征
	dog	仗势欺人，令人讨厌的人	忠诚的动物，可以用来比喻人
	rose	美丽却带刺的女人	神秘的风险和极端主义
颜色	red	热情似火或喜庆之事	潜在的风险和极端主义
	blue	严肃、纯洁、静穆	沮丧、消沉、下流之事
	green	春天、绿色、希望	没有经验的人
	white	恐怖、死亡、葬礼	纯洁、天真、无暇
数字	four	顺畅、四通八达	不吉利
	six	顺利无阻、百事顺心	不吉利
	eight	财源滚滚	不吉利
	ten	美不可言	不吉利

（资料来源：张晨霞，2016）

第三章 基于跨文化交际法的高校英语词汇、语法教学模式

对此,在英语词汇教学中,教师应详细讲解词汇交叉词,让学生清楚英汉词汇文化的异同,进而掌握它们的具体应用情况。

(二)词义空缺词

所谓词义空缺,是指一种语言中具有的特定文化含义在另一种语言中并不存在。中西方由于生活环境、风俗习惯、世界观、思维方式等方面的差异所引起的词汇空缺在高校英语词汇教学中是十分常见的现象,如表3-3所示。

表3-3 英语词汇在汉语文化中出现空缺含义的类型

音译词汇		直译词汇		音译和直译词汇	
英语	汉语	英语	汉语	英语	汉语
marathon	马拉松	cold war	冷战	Buckingham Palace	白金汉宫
golf	高尔夫	honeymoon	蜜月	Domtno Effect	多米诺效应
salon	沙龙	softlanding	软着陆	Cambridge	剑桥
pudding	布丁	millennium bug	千年虫	Internet	因特网
pizza	比萨	dark hores	黑马	beer	啤酒
chocolate	巧克力	white collar	白领	Jazz	爵士
lemon	柠檬	generation gap	代沟	Benz	奔驰
whisky	威士忌	spacecraft	航天器	Vitamin	维他命
disco	迪斯科	Xerox	复印机	club	俱乐部
clone	克隆	communism	共产主义	Jeans	牛仔裙

(资料来源:张晨霞,2016)

当其他文化背景下的人在看到这种空缺的词汇时,常常很难理解。表3-3中的英语词汇虽然可以用汉语表达,但基本都是音译和假借而来的。再如,中国的"阴阳""乾坤"等概念在英语中并不存在。学生在学习英语词汇时一般都习惯通过寻找对应词义,词汇空缺现象必然会影响学生的英语词汇学习,进而会影响高校英语词汇教学,因此这种现象应引起教师和学生的注意。针对这种情况,教师在英语词汇教学中可以采用释义法来解释空缺的词汇,详细阐述它们的含义及使用情况,让学生

对其有一个清晰的认识,进而为学生的交际打好基础。

(三)词义冲突词

存在于英汉语言中词汇完全相反或者相互矛盾的词汇称为词义冲突词。由于英汉语言中很多词汇源自神话、寓言故事,涉及民族的风俗习惯、历史文化等背景文化,因此英汉语言中有很多词汇的含义通过字面完全无法理解。在高校英语词汇教学中,教师应引导学生在了解词语字面意思的同时理解其深层文化含义,不能望文生义。例如,在高校英语听力课本中有这样一句话:"Well, I guess I'll have to face the music."就字面意思而言,好像是主人公不得不去听音乐大会,但实际并非如此。face the music 这一表达在西方文化中是"面对困难和惩罚"的意思。但在汉语文化中,面对音乐,听者只会感到惬意和轻松,完全没有英语中的那种意思。

通过上述几个方面可以看出,文化因素对英语词汇以及英语词汇教学的影响,对此,在高校英语词汇教学中,教师应重视文化因素的影响作用,并有意识地导入相应的文化知识,丰富学生的文化储备,提高学生的文化意识。当学生的文化知识丰富了,会反过来促进学生更好地进行词汇学习。

二、跨文化交际视角下高校英语词汇教学的原则

高校英语词汇教学的开展应遵循一定的原则,这样可以使教学更加有效地进行,可以更好地培养学生词汇能力及跨文化交际能力。具体而言,跨文化视角下高校英语词汇教学应遵循以下几项原则。

(一)循序渐进原则

任何教学都应循序渐进地进行,也就是遵循循序渐进原则,高校英语词汇教学也不例外。具体而言,在高校英语词汇教学中遵循这一原则是指教学中在数量和质量平衡的基础上对所教内容逐层加深。基于循序渐进原则,高校英语词汇教学不能仅仅重视学生对词汇数量的掌握,

第三章　基于跨文化交际法的高校英语词汇、语法教学模式

也应重视学生对词汇质量的把握,要做到在增加学生词汇数量的基础上提升学生对词汇使用的熟练程度。

逐层加深是指高校英语词汇教学应由浅入深、层层递进地进行,因为课堂教学中不可能一次性教授词汇的所有语义,学生也不可能一次性掌握全部知识。总体而言,在高校英语词汇教学中,教师要避免急于求成,应由浅入深地推进教学,让学生一步步加深对单词意义的了解和对单词用法的掌握,进而提升学生的学习效率和英语词汇水平。

(二)联系文化原则

语言与文化密切相关,很多词汇都蕴含着丰富的文化,而且词汇学习的最终目的也是进行跨文化交际,因此联系文化原则也应是高校英语词汇教学遵循的一个重要原则。遵循联系文化原则是指,在高校英语词汇教学过程中,词义的讲解、结构的分析都应与文化相联系。充分理解语言文化,有助于加深对词汇的理解,全面掌握词汇的演变规律,有效地运用词汇。

(三)回顾拓展原则

遗忘是伴随着记忆而行的,在学生的词汇学习中,不可避免地会产生遗忘问题,如果不每天加以复习和巩固,将很难掌握词汇,故高校英语词汇教学应遵循回顾拓展原则。这一原则是指在教学中将新旧词汇结合起来,利用已教授过的词汇来教授新的词汇,以便让学生对旧的词汇加以巩固,同时有效拓展和掌握新的词汇。

(四)词汇运用原则

学习词汇并非为了单纯记忆词汇,而是为了在交际过程中有效运用词汇,因此在高校英语词汇教学中,教师应遵循词汇运用原则。这一原则是指教学中教师不仅要讲授词汇知识,还要引导学生对词汇加以运用。具体而言,教师在教学中要设计符合学生学习特点的教学活动,让学生积极参与教学互动,进而锻炼词汇运用能力。

三、跨文化交际视角下高校英语词汇教学的优化方法

为了切实提高高校英语词汇教学的效果,提升学生的词汇水平,培养学生的跨文化交际能力,就需要在遵循基本教学原则的基础上,对教学方法进行优化,即选用新颖有效的方法开展教学。

(一)开展文化教学

在跨文化交际视角下,英语教师应重视文化教学,应有意识地在高校英语词汇教学中融入文化知识,从而培养学生的文化素养,提高学生运用词汇进行跨文化交际的能力。具体而言,教师可采用以下几种方法开展文化教学。

1. 讲授文化知识

在词汇教学中,教师可以采用教授法开展文化教学,即教师直接向学生展示文化负载词的分类及内涵等,同时通过图像与声音结合的方式列举生动的例子加以说明,直观地培养学生对文化的兴趣。只有熟悉了英语文化,才能让学生透彻地了解英语词汇。学习语言时不能只单纯地学习语音、词汇和语法,还要接触和探索这种语言背后的文化,在语言和文化的双重作用下真正掌握英语这门语言。采用直接讲授法讲授文化,既省事又有效率。这些文化不受时空的限制,方便学生查找和自学。

例如,"山羊"/goat,在汉语环境中,"山羊"一般扮演的是老实巴交的角色,由"替罪羊"这一词就可以了解到;在英语环境中,goat 则表示"好色之徒""色鬼"。这类词语还有很多,如 landlord(褒义)/"地主"(贬义)、capitalism(褒义)/"资本主义"(贬义)、poor peasant(贬义)/"贫农"(褒义)等,这些词语代表了人们不同的态度。在词汇学习过程中,要深入了解和尊重中西方文化,这样才能更好地将词汇运用于交际。

再如,根据当下流行的垃圾分类,教师可以让学生翻译这四类垃圾:干垃圾、湿垃圾、有害垃圾、可回收垃圾。大部分学生都会将"垃圾"一词翻译为 garbage,实际上正确的翻译应是 waste。由这两个词就

第三章　基于跨文化交际法的高校英语词汇、语法教学模式

可以看出中西方文化差异。在英语中，garbage 主要指事物或者纸张，waste 主要是指人不再需要的物质，可以看出 waste 的范围更广，其意思是"废物"。当翻译"干垃圾"和"湿垃圾"时，学生又会翻译得五花八门，实际上"干垃圾"是 residual waste，"湿垃圾"是 household food waste。所以，学生有必要深入了解中西方文化的异同，这样才能学好词汇，才会形成英语思维，进而形成跨文化交际能力。

2.进行文化对比

根据心理学原理，人们对相同的事物比较容易识记，但对不同的事物更容易产生兴趣，也容易记忆深刻。可见，采用英汉对比法有着显著的优势，即可使学生对英汉词汇文化差异一目了然，加深对词汇的理解。语言不能独立于文化之外，由于英汉习俗传统不同，价值观和思维方式等都有着显著的差异，会出现词汇语义与文化内涵不对等的情况。如果不加以学习和研究，在使用这些词汇进行交际时，难免会出现交际障碍。通过对比分析，学生就会发现其中的奥秘，词汇问题也就迎刃而解。来看表 3-4 中的例子。

表 3-4　英语表达的英汉意义对比

英文表达	英语意义	中文意义
as strong as a horse	力气大	力大如牛
work as horse	任劳任怨、温顺	老黄牛
eat like a horse	有胃口、能吃	牛一般的胃口

（资料来源：李海雁，2019）

通过表 3-4 可以看出，汉语中与英语中 horse 所表达的意思相对应的不是"马"而是"牛"。在英语文化中，马同时用于耕作和作战，但在汉语文化中，马用来作战，牛用来耕作。

再来看表 3-5 所列举的例子。

表 3-5　实际意义与字面意义不同的词汇

词汇	实际意义	字面意义
lover	情人	爱人
peasant	缺乏教育、举止粗鲁的人	农民
black tea	红茶	黑茶

续表

词汇	实际意义	字面意义
drugstore	既出售药品又出售日用品的商店	药店
intellectual	致力于研究、思考、推论的人	知识分子

（资料来源：李海雁，2019）

在具体的教学中，教师可以通过上述形式来进行英汉文化比较，让学生清晰了解英汉词汇的文化差异，进而帮助学生正确、灵活地运用词汇。

3. 创设情境，体验文化

语言只有在语境中才能焕发生机与活力，单独去看某个词汇很难发现个中韵味，但是一经组合和运用，语言便有了生命力。因此，教师应创设信息丰富的环境，为学生提供真实的语言环境和大量的语言输入，使学生在逼真的语境中学习英语，给学生提供学习和运用词汇的机会。教师可以设计一些活动，如组织学生观看电影，然后指导学生进行角色扮演，让学生经历真实的跨文化交际情境，培养学生的跨文化交际能力。

除组织跨文化交际活动外，教师还可以组合一些课外活动，让学生切实感受英语文化，扩大学生的词汇文化资源，培养学生的跨文化交际能力。例如，《疯狂动物城》这部动画片深受学生的喜爱，但大部分学生并没有注意这部影片的名字 Zootopia，也没有对其进行探究，觉得这是电影中虚构的一个地方。如果学生知道乌托邦的英文是 Utopia，可能会理解这个复合词 Zootopia 是由 zoo（动物）和 Utopia（乌托邦）结合而来。实际上，很多学生连汉语文化中的"乌托邦"都不了解，更不用说英语文化了。其实，"乌托邦"就是理想国，Zootopia 就是动物理想国，动物之间没有相互杀戮的地方。如果学生在观看电影前能对其中的文化进行探索，或者教师稍微引导，那么观影的效果就会更好，而且可以在欣赏影片的同时掌握文化知识。

(二)讲授词汇记忆策略

在英语学习过程中,词汇学习是一个十分重要的环节,但由于英语词汇数量众多,再加上我国的英语学习缺少一定的语言环境,很多学生都认为记忆单词是一件困难的事情,"难记住,易忘记"成了学生词汇学习中无法逾越的门槛。对此,在高校英语词汇教学中,教师有必要向学生讲授记忆词汇的方法和策略,从而帮助学生更加高效地记忆和学习单词。

第二节 基于跨文化交际法的高校英语语法教学模式

语法是语言的框架,是语言中的词、词组、短语及分句的排列规则、规律和方式,对语言学习有着重要的影响作用。要想掌握一门语言,就必须要掌握这门语言的语法规则,所以即使是在大学阶段,语法仍然是高校英语教学的重要内容。只不过随着社会和教学的发展,以及文化影响的扩大,高校英语语法教学的要求不再是只掌握语法知识,而是有效运用语法知识,即进行有效的跨文化交际。对此,现在的高校英语语法教学要着眼于跨文化交际视角,在教授学生语法知识的同时,让学生了解英汉语法之间的差异,丰富学生的文化知识,切实提高学生的语法运用能力,培养学生的跨文化交际能力。本节就对基于跨文化交际法的高校英语语法教学模式进行研究。

一、文化差异对高校英语语法教学的影响

语言与文化密切相关,文化差异在语言中有着集中的体现,一方面体现在词汇上,另一方面则体现在语法上。因此,文化差异对高校英语语法教学有着显著的影响,而了解这种影响,对明确高校英语语法教学的目标、改善高校英语语法教学的现状具有重要意义。

(一)思维模式的影响

不同的民族,其思维模式也不相同,这种差异会在语言中有所体现。英汉民族的思维方式在语法上体现为英汉语法差异,具体表现是英语是形合语言,汉语是意合语言。

形合又称"显性",是指借助语言形式,主要包括词汇手段和形态手段,实现词语或句子的连接。意合又称"隐性",是指不借助语言形式,而借助词语或句子所含意义的逻辑联系来实现语篇内部的连接。形合注重语言形式上的对应,意合注重行为意义上的连贯。形合和意合是使用于各种语言的连接手段,但因语言的性质不同,所选用的方式也就不同。英语属于形合语言,其有着丰富的形态变化,语法规则众多,力求用内涵比较丰富的语法范畴来概括一定的语法意义,对句法形式要求严格。

英语句子多使用外显的组合手段,因此句子中的语法关系清晰有序。但汉语句子多用隐形的手段,语法关系并不那么清晰,而是十分模糊,如"知己知彼,百战不殆;不知己而知彼,一胜一负;不知己不知彼,每战必殆。"这句古汉语就充分体现了汉语意合的特点。汉语属于语义型语言,受传统哲学和美学思想的影响,形成了注重隐含关系、内在关系、模糊关系的语言结构特点。所以,汉语主要靠词序和语义关系来表现句法关系,并不刻意强求语法形式的完整,只求达意即可。

具体而言,受思维模式的影响,英汉语法之间的差异体现在以下几个方面。

第一,汉语句子注重达意,英语句子注重形式上的联系。例如,"已经晚了,我们回去吧。"这句话用英语表达是"Let's go home, as it is late."为符合英语的表达习惯,添加了相应的连接词。

第二,英语主要借助词形的变化来组句,汉语则主要借助词序和词在句中的作用及句子的意思来组句。

第三,英语倒装句多,汉语相对较少。为了表示强调,英语句子常将助动词放在主语前面,或者是在没有助动词的情况下,在主语前面加do,does或did,形成倒装句。汉语表示强调就相对简单,有时将宾语提前,一般是不改变词序而增加某些具有强调意义的词。

在具体的高校英语语法教学中,教师应引导学生充分了解文化差异

第三章　基于跨文化交际法的高校英语词汇、语法教学模式

对语法的影响,同时向学生输入相关的文化因素,使学生切实了解英汉语法的异同,进而提高学生的语法能力。

(二)语序因素的影响

语序指的就是词在短语或者句子中线性的排列顺序。语法语序就是表现语法关系的语序。例如,汉英都有并列式的合成词,尽管并列式都是由同等成分构成的,但是仍然存在较大差别。例如,汉语的"东南西北"和"东西南北"的意思基本相同,但是仔细地观察就会发现有很多的组合方式在汉语中是不使用的,如"南西""北东""北西""南东"等。英语的方位词有很多和汉语恰恰相反,如 northeast, southeast, northwest, southwest。另外,英语叙述说明事物时,习惯于从小到大,从特殊到一般,从个体到整体,先低级再高级;汉语的顺序则是从大到小,从一般到特殊,从整体到个体。此外,英汉语言中出现多个定语和多个状语时,定语和状语的排列顺序也是有差别的,这些实际上都源于文化的差异。因此,在高校英语语法教学中,教师应注重培养学生的文化素养,进而促进学生语法能力的提升。

二、跨文化交际视角下高校英语语法教学的原则

在跨文化交际视角下,高校英语语法教学应遵循一定的原则,以确保教学的有效性,切实提高学生的语法能力。具体而言,在高校英语语法教学中,教师应遵循以下几项原则。

(一)以学生为中心原则

新课程教学理念提出以学生为中心开展教学,即教学活动要以学生为主体,紧紧围绕学生来开展。这一教学理念也适用于高校英语语法教学。在高校英语教学中,教师应更新教学理念,认识到学生的主体地位,将学生放在教学的中心位置,有效激发学生的学习兴趣,鼓励学生积极参与教学活动,引导学生自主发展、学习和掌握语法规律,培养学生的语法能力。

（二）交际性原则

在高校英语语法教学中，教师应遵循交际性原则，即恰当地运用多媒体设计课堂教学，创设合理的语言交际环境，使语言交际环境符合实际环境，从而帮助学生更好地掌握语法知识，提升交际能力。提高学生成绩并不是语法教学的最终目的，语法知识的使用才是语法教学的本质，所以语法教学应结合实际生活来培养学生的语法思维，提升学生的听、说、读、写能力，最终提高学生的语言交际能力。

（三）文化关联原则

语法作为语言的内部规律，与文化有着密切的联系，即蕴含和反映着丰富的文化信息。对此，在高校英语语法教学中，教师应重视文化因素对学生语法学习的影响，并有意识地进行文化教学，创设英语语言环境，从而丰富学生的文化知识，切实提高学生的语法能力和语言交际能力。

三、跨文化交际视角下高校英语语法教学的优化方法

文化因素对高校英语语法教学的影响巨大，因此在高校英语语法教学中，教师应重视文化因素，在教学中有意识地导入与语法相关的文化知识，从而培养学生的文化意识，提高学生的语法应用能力。具体而言，在跨文化交际视角下，高校英语语法教学的优化方法包含以下几种。

（一）创设语法情境

在高校英语语法教学中，教师可采用情境教学法开展教学，情境教学法有着包含语法规则和知识的真实环境，可以充分调动学生不同的感觉器官，激发学生学习的兴趣，可以让学生在接近真实的情境中参与学习中，并系统地掌握语法知识。语法教学通过情境化实现了认知与情感的联合，颠覆了过去只讲述语法规则的陈旧方法，学生有了使用语言的

第三章 基于跨文化交际法的高校英语词汇、语法教学模式

空间。通过情境化教学,课堂氛围更加活跃,师生关系更加和谐,学生的语法能力和交际能力会得到显著提升。

具体而言,情境教学的教学途径包含以下几个。

1. 融入音乐,创设情境

青少年通常对音乐有着强烈的兴趣,因此在语法教学中,教师可将音乐与语法教学相融合,营造轻松愉悦的气氛,在聆听中学,在欢唱中学。例如,在讲授现在进行时这一语法时,教师可以让学生先欣赏歌曲,并让学生持有该曲的歌词,然后找出歌词中含有现在进行时的句子。这样既能激发学生的学习兴趣,分解学习的难点,又能使学生在不知不觉中学到知识。

2. 角色扮演,感受情境

在高校英语语法课堂教学中,教师还可以组织学生进行角色扮演,让学生身临其境地学习语法知识。学生可以通过自己扮演的角色,体验相应情境下人物的言行举止、思想情感,深化所学知识,提高自身的人文素养。

3. 运用媒体,展示情境

在语法课堂教学中,有些教学情境因条件的限制无法创设,但随着多媒体技术的发展及其在教学中的运用,这一缺陷被弥补了。多媒体教学素材丰富多样,包含图像、图形、文本、动画以及声音等,将对话的时空体现得生动和形象,课堂氛围不再沉闷死板,学生的感官得到了调动,加深了学生的印象,提高了学生参与课堂教学的积极性,教学和学习效率也得到了显著的提升。

4. 设计游戏,领悟情境

设置符合学生心理和生理特征的语法教学游戏,可以激发学生的学习积极性,让学生积极参与其中。生动活泼的游戏可以调动学生的多种感官,使学生原本觉得困难的语法结构也变得简单许多,从而使他们在潜移默化中掌握语法知识。

（二）进行文化对比

文化对语法教学的影响十分显著，对此教师可采用对比分析法让学生了解英汉语法的差异，培养学生的文化意识和跨文化能力。

我国学生一直都是在母语环境下学习英语的，因此形成了汉语的思维模式，这必定会对英语语言的组织有所影响，主要是文化背景和生活习惯的影响。在这种情况下，英语教师的语法教学就会受到一定程度的阻碍。对此，教师应根据学生的学习规律和教学实际情况进行对比分析教学。教师应该使学生意识到文化差异对语言形成的重要影响作用，从而使学生了解英汉语言之间的差异性，这样便能在发挥汉语学习正迁移的前提下，使学生掌握具体的英语语法知识。

（三）开展翻转课堂教学

翻转课堂也是随着信息技术的发展而产生的一种新型教学模式，将该教学模式运用于高校英语语法教学，可有效调动学生学习语法的兴趣，促进学生形成自主学习能力，提高学生的独立思考能力，进而培养学生的语法能力。翻转课堂这种教学模式不再以教师为中心，而是以学生为中心，教师只是起到辅助作用，学生是教学环节的重点，师生之间处于相互互动的状态。翻转课堂语法教学模式流程如图3-1所示。

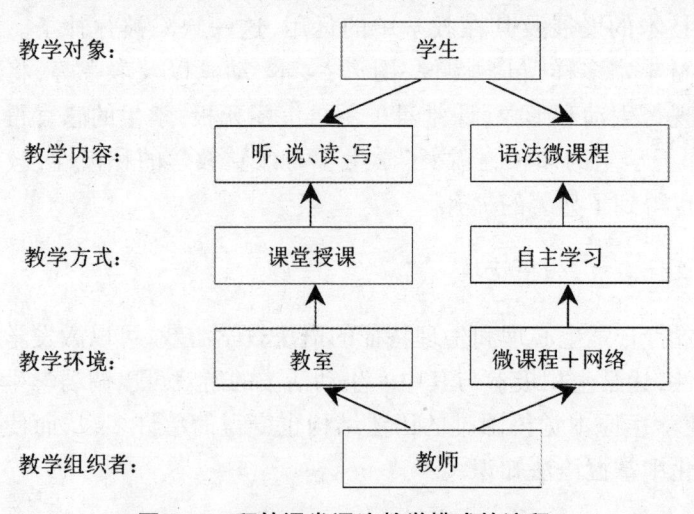

图3-1 翻转课堂语法教学模式的流程

（资料来源：马慧丽，2019）

第三章 基于跨文化交际法的高校英语词汇、语法教学模式

1. 提升微课制作水平,借鉴网络教育资源

相较于传统的语法教学模式,翻转课堂最大的特点在于以视频微课代替了"黑板+粉笔"的教学方式。但对于已经习惯了传统教学模式的英语教师来说,很难在短时间内适应视频微课这种形式,因此教师首先要熟练掌握微课的制作技术,灵活运用各种制作软件;其次要重视视频微课内容的整合与加工,在内容选择上要结合课本语法知识,并借鉴网络上优质的教育资源,制作短小精致、内容丰富的数字化课程资源。

2. 拓宽师生互动渠道,确保语法教学效果

制作视频微课是翻转课堂语法教学的前提,后期的检查、实施和监督是更加重要的部分,因此师生之间应保持多维互动。首先,教师要指导学生观看视频微课,并对学生的学习内容和时间进行计划,把握学生学习的进度;其次,教师要利用社交软件建立 QQ 群和微信群等,加强与学生线上线下的互动,对学生在自主学习中遇到的问题进行解答,促进师生和生生之间的讨论,实现英语语法知识的消化和吸收。

3. 关注语法难点,提升教师答疑解惑的能力

基于翻转课堂,教师将制作好的视频微课上传到网络平台,学生自行下载,并在固定时间内完成自主学习。对于遇到的语法知识难点,除了课堂学习小组讨论外,更多由教师在课堂上统一解答或个别辅导。对此,英语教师应不断充实自身的语法知识储备,提升自己的语法能力,从而更好地解答学生的疑难问题。

4. 开展差异化教学辅导,促进学生自主学习

在翻转课堂教学模式下,教师要更新教学理念,改变传统的教学模式,主动融入和参与学生学习的各个环节,成为学生学习的指导者和监督者。由于不同学生之间存在着巨大的差异,有着不同的基础水平和认知结构,因此教师需要采用不同的辅导方式来对不同层次的学生加以辅导,特别是对那些自律性不强的学生,更要采取有效方式来加以辅导,促进他们进行自主学习。

5. 重视教学评价,建立激励机制

翻转课堂语法教学注重学生的自主学习,为了掌握学生自主学习的频率以及参与程度,确保翻转课堂教学的效果,对学生进行考核评价就显得十分必要,而且这种考核要贯穿于课堂教学的全过程,并且评价形式要多样化,包括学生自我评价、小组评价、教师评价等多种考核评价形式。这种全方位的考核评价机制有利于教师掌握学生对语法教学的参与度和配合度,便于教师了解学生对语法知识的掌握程度,而且对学生也有着正向的激励作用。

总体而言,在跨文化交际视角下,高校英语词汇和语法教学应紧跟社会和教学改革发展的趋势,结合文化开展教学,即在教授词汇和语法知识的同时融入英语文化知识,进而培养学生的文化素养,提高学生的综合能力以及运用词汇和语法知识进行跨文化交际的能力。与此同时,教师要持有客观的态度,不能一味地导入英语文化,还应传授汉语文化知识,从而树立学生的文化自信,使学生运用所学知识传播中国文化。

第四章 基于跨文化交际法的高校英语听力、口语教学模式

随着社会的发展,英语听力和口语在社会交际中的作用越来越明显,社会需要具备英语听力能力和口语表达能力的人来与其他国家和民族进行交流和沟通,而这也引起了教师和学生的注意,并且被高校英语教学作为重点教学内容来培养。尽管如此,但是在目前的高校英语教学中,听力教学和口语教学效果并不佳,学生依然是读写能力尚佳,听说能力较差。实际上,影响学生听说能力提升的因素有很多,但是非常重要的一个因素就是缺乏文化素养,对西方文化知识了解较少。在实际的交际过程中,必然会涉及各种文化因素,如果不了解语言所承载的文化信息,将很难理解其意思,也难以表达自己的思想,交际也就无法顺利进行。对此,高校英语教学应顺应教学改革的发展趋势和社会的要求,基于跨文化视角来开展高校英语听说教学,也就是在高校英语听说教学中恰当地融入文化知识,培养学生的文化素养,促进学生听说能力和跨文化交际能力的提升。本章将对基于跨文化交际法的高校英语听说教学模式进行研究。

第一节　基于跨文化交际法的高校英语听力教学模式

听力不仅是重要的语言输入技能,也是交际的重要方式,更是高校英语教学中不可或缺的一部分。提高学生的听力能力是高校英语听力教学的重要目标,但其最终目标是培养学生的跨文化交际能力,即运用听力技能进行交际活动。因此,高校英语听力教学应基于跨文化交际视角,将语言教学与文化教学相融合,向学生导入文化知识,扩大学生的文化视野,进而提高学生的听力能力,培养学生的跨文化交际能力。本节将对基于跨文化交际法的高校英语听力教学模式进行研究。

一、文化差异对高校英语听力教学的影响

大学生在中学甚至小学时期已经学习了多年英语,对语音、词汇、语法和句型等都有了一定程度的掌握,因此很多学生都认为,掌握了这些内容就可以提高听力水平。但是事实并非如此,因为即便学生掌握了大量的语音、词汇、语法、句型等方面的知识,也未必能听懂所听内容。这是因为听力理解的好与坏一方面在于听者的语言基础,另外还与其对话题的熟悉程度、文化背景知识的多寡、听者心理素质的高低等有关。其中,文化背景知识的积累是一个重要方面。学生只有掌握了一定的文化背景知识,才能在听的过程中充满自信。英汉民族文化存在较大的差异,这给语言交流造成了很大的困难,对听力的有效进行以及高校英语听力教学的开展都造成了一定的影响。因此,要想切实提高学生的英语听力能力,并能够运用这一技能进行跨文化交际,就要加深对西方文化的了解和认识。

(一)词语文化内涵差异的影响

在听力学习过程中,很多学生都反映有的听力材料看上去并不复

第四章 基于跨文化交际法的高校英语听力、口语教学模式

杂,也没有生词,语言结构也不复杂,但在听的过程中总觉得晦涩难懂,无法理解其内涵。这种情况主要是由于对词语的深层文化内涵不理解造成的。心理语言学认为,听者在大脑中储备的文化背景知识与听力材料互相作用的动态过程,是实现有效听的重要前提。例如:

Wendy: What do you think of Vicky?

Chad: She is a cat.

Question: Does Chad like Vicky?

对于学生而言,上述对话没有任何陌生单词,理解起来并不难,但是在回答的过程中往往会答错,这主要源于中西方文化的差异。在中国,猫是可爱温顺、讨人喜爱的动物,但在西方国家,猫有着另外一层文化含义,指"心存险恶的女人"。上述对话中的"She is a cat."实际上是说Vicky是一个狠毒、心怀叵测的女人。由此可见,很多理解障碍并不是由语言本身引起的,而是由对西方文化的不了解引起的。因此,在高校英语听力教学中,教师应注意教授学生一些相关的文化知识,培养学生的文化素养,从而切实提升学生的听力能力。

(二)社交差异的影响

学生学习英语听力是用来社交的,如果不了解中西方社交差异,将会对其交际过程产生不利的影响。中西方社交差异在多个方面都有体现,如俚语的表达方面。英语的俚语相当于我们的歇后语,蕴含着发人深思的内涵。例如,fill someone in 的真正含义是"告诉某人,让他了解一些状况"。由于我国大学生对英国的社交文化不了解,很容易逐词逐句地理解这一短语,将其理解为"把某人填进去",这必然会对听力产生影响。对此,在高校英语听力教学中,教师应引导学生了解中西方社交文化的差异,培养学生的文化差异意识,切实提高学生的听力能力。

除了上述两个方面,英汉的思维模式差异、历史背景差异、地理环境差异等都对听力有着重要的影响,在具体的教学中,教师应尽量全面地丰富学生的文化知识,提高学生的文化素养,为学生听力能力的提升排除文化障碍。

二、跨文化交际视角下高校英语听力教学的原则

基于跨文化交际视角,高校英语听力教学应遵循科学的教学原则,确保学生的听力能力得到锻炼,促使学生能够有效进行跨文化交际。具体而言,高校英语听力教学应遵循以下几项原则。

（一）循序渐进原则

高校英语听力应层层有序开展,从简单到复杂逐步进行,即遵循循序渐进原则。具体而言,在高校英语听力教学中,教师应充分了解学生的学习情况,选择符合学生学习阶段和水平的听力材料,而且听力材料要由易到难安排,同时兼顾多样性和真实性。在听力教学初期,教师要选择语速适中、吐字清晰的材料,随着教学进度逐步增加难度。听力材料也要贴近生活,最好选择社会热点话题、故事以及日常会话等,以激发学生学习听力的兴趣。

（二）注重情感原则

在教学中,教师除了要注重学生学习本身外,还要重视学生的情感体验。情感是学生智力与非智力发展的原动力,学生只有具有了一定的情感体验,才会有相应的智力及非智力活动,也才能对所学知识产生感情,从而在学习中获得事半功倍的效果。在大学英语听力教学中,教师也要充分重视情感因素,在教学各个环节都要充分考虑学生的情感因素,有效降低情感过滤作用,使学生积极参与课堂上的各种活动,从而达到获得信息、吸收语言的目的。具体而言,教师要为学生创造一个轻松、愉快的课堂环境。例如,教师在听的过程中可以穿插一些幽默小故事、笑话、英文小诗、英文卡通或英文歌曲等,也可以根据实际情况改变听的形式或更换听的内容等,努力消除学生因焦虑、害怕等产生的心理障碍,创造和谐的学习氛围,使学生获得良好的学习体验,从而提升自身的听力水平。

第四章 基于跨文化交际法的高校英语听力、口语教学模式

（三）强化文化背景知识原则

语言与文化密切相关，很多英语词汇、短语、句子等都蕴含着丰富的文化信息，如果不了解语言背后的文化信息，将很难理解其内在含义，更无法有效进行交流。可以说，很多听力材料背后都蕴含着一定的文化知识，学生如果没有掌握必要的文化背景知识，即使听懂了个别甚至全部语句，也不一定能完全理解材料所隐含的深层文化含义，进而影响对材料的准确理解。因此，在高校英语听力教学中，教师必须重视强化学生的英美文化背景知识，提高学生对文化知识的敏感度。教师可以通过组织一些活动，如播放优秀的英美影片、引导学生阅读一些文学名著、组织具有鲜明特色的文化交流活动等来培养学生的文化素养，进而提高学生的听力能力。

三、跨文化交际视角下高校英语听力教学的优化方法

在跨文化交际视角下，要想切实提升教学效率，提高学生的听力能力，就要在遵循基本教学原则的基础上，优化教学方法，采用恰当有效的教学方法实施教学。具体而言，教师可采用以下几种方法开展听力教学。

（一）基于认知策略理论的教学方法

根据认知理论，听力理解是一个需要听者积极构建意义的过程，也是一个复杂的认知过程。在学习中运用认知策略对学生建构意义、提高获取信息的能力大有裨益。将基于认知策略的听力教学模式（图4-1）运用于高校英语听力教学实践，对提高学生的听力水平和教学效率十分有利。

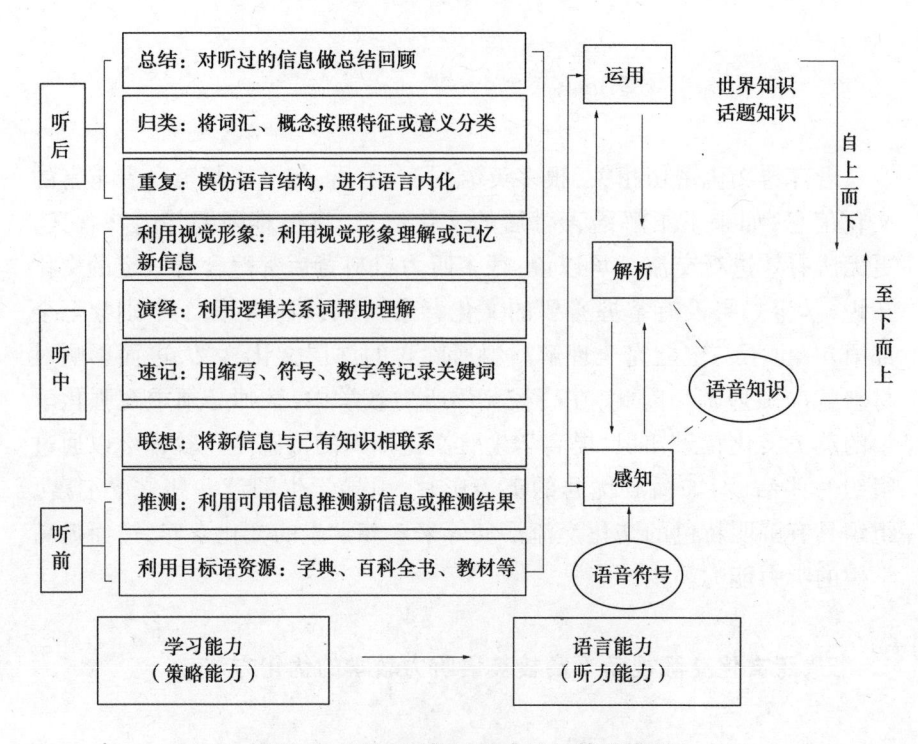

```
          ┌─ 总结：对听过的信息做总结回顾 ─┐          ┌─ 运用 ─┐   世界知识
    听后 ─┤  归类：将词汇、概念按照特征或意义分类 │          │        │   话题知识
          └─ 重复：模仿语言结构，进行语言内化 ─┘          │        │    自
                                                         ↓        │    上
          ┌─ 利用视觉形象：利用视觉形象理解或记忆         解析       │    而
          │              新信息                           │        │    下
    听中 ─┤  演绎：利用逻辑关系词帮助理解                 │  语音   │
          │  速记：用缩写、符号、数字等记录关键词         │  知识   │    至
          │  联想：将新信息与已有知识相联系               ↓        │    下
          └                                              感知       │    而
    听前 ─┤  推测：利用可用信息推测新信息或推测结果       ↑        │    上
          └  利用目标语资源：字典、百科全书、教材等    语音符号    ─┘

         学习能力                           语言能力
        （策略能力）                       （听力能力）
```

图 4-1　听力理解过程中认知策略模型

（资料来源：杨照，2019）

基于认知策略理论的高校英语听力教学模式的实施步骤具体如下。

1. 听前阶段

在听前阶段，教师的主要任务是让学生对听力材料的背景有所了解，教会学生使用目标语资源和推测策略，通过各种途径，如查阅词典、百科全书等扫除词汇障碍，同时激活学生已有的知识储备，为即将进行的听力活动做好准备。

2. 听中阶段

在听中阶段，教师要培养学生的联想、推测、演绎、速记等策略，帮助学生完成听力活动。以《新视野大学英语视听说教程》第三版 Book 1, Unit 7 Weird, wild and wonderful 为例，本单元涉及的话题是自然与环境问题。在听力教学中，教师首先要充分激活学生头脑中储存的有关环境问题的图式，如水源污染、大气污染、森林破坏等，让学生合理推断

第四章　基于跨文化交际法的高校英语听力、口语教学模式

文章内容。在第一遍听录音过程中,教师要求学生概括文章大意,这要求学生在听语音的过程中,结合自己的储备知识,运用联想策略,归纳篇章大意。在第二遍听录音过程中,学生需要把握细节信息,完成表格中的空缺信息,教师要训练学生集中注意力、抓住重要信息、进行速记的能力。在听力活动结束后,如果信息有遗漏,教师可以引导学生运用推测、联想等策略,进行合理的推测,以增强学生对听力材料的理解和掌握。

3. 听后阶段

在听后阶段,教师要训练学生通过归纳、总结等策略对听力材料内容做进一步的加工处理,实现语言的内化。此外,教师应指导学生对听过的材料进行重复听力练习,让学生模仿训练,从而起到巩固语言基础的作用。

(二)文化教学法

为了提高学生的文化水平,为听力学习奠定基础,教师可以开展文化教学,即有针对性地向学生导入一些文化知识。具体而言,教师可以采用以下方式导入文化知识。

(1)通过词汇导入文化。词汇是语言的基础,很多词汇文化内涵丰富,在英语听力教学中通过词汇向学生导入文化知识,不仅可以提高学生的文化意识和素养,还能丰富学生的词汇量,为听力能力的提高奠定基础。例如,"狗"这一动物在中国文化中多具有贬义色彩,从"狗腿子""狗拿耗子"等表达中就能看出,而在西方文化中,dog 深受人们的喜爱,被人们当作好朋友。可见,英汉语言中相对应的词语所蕴含的文化内涵差异很大。在听力教学中,有意识地扩大学生的词汇量,丰富学生的词汇文化知识,将对学生听力能力的提升大有裨益。

(2)通过习语导入文化。习语是语言的核心与精华,常出现于人们的日常生活与交流中。如果不了解习语所蕴含的文化含义,将很难理解话语的意思。例如,当听到 "I'd like Scotch on the rocks." 这句话时,如果不了解其文化含义,只会将其按照字面意思理解为"我喜欢在岩石上的苏格兰人"。实际上, on the rocks 这一习语的含义是"触到暗礁,有灾祸",其引申义为"穷困、破产"。因此,在听力教学中教师很有必要

向学生介绍一些习语文化知识,为学生听力水平的提高奠定基础。

(3)通过习俗导入文化。交际中必然会涉及习俗文化,如打招呼、称呼、感谢等,了解这些习俗文化对听力能力的提高具有重要意义。在具体的听力教学中,教师可以设计情境对话,或者安排学生进行角色扮演,让学生置身于英语环境中感受英汉习俗文化的差异,听取地道的英语表达,锻炼英语听力能力。

(4)通过课外活动导入文化。学生多通过课堂教学学习英语听力,但课堂时间是有限的,教师不可能在课堂中教授学生所有的听力知识,更不用说教授文化知识了。针对这种情况,教师可以有针对性地开展一些选修课与讲座,向学生系统地介绍一些西方文化,同时兼顾听力能力的训练,使学生的听力学习与文化导入相结合。此外,教师可以鼓励学生在课外阅读一些英语书籍或报刊,使学生通过阅读来感受和学习英语国家的文化风俗。教师可以为学生列出一些书单,同时要求学生在读完之后撰写读书笔记,这样做的目的是扩大学生的知识面,加深学生的印象。

第二节 基于跨文化交际法的高校英语口语教学模式

近年来,世界各民族的人无论在经济方面还是在生活方面都联系得越来越紧密。英语作为一门世界性语言,在国际交往中发挥着重要的作用。由于中西方文化不同,人们在交际过程中经常会出现失误现象。基于不同的文化背景,人们要想顺利的交流,就要具备口语表达能力和对西方文化的理解能力。对此,要想培养学生的口语表达能力和跨文化交际能力,使学生符合社会的发展要求,高校英语口语教学就应基于跨文化交际视角来培养学生的口语表达能力。本节将对基于跨文化交际法的高校英语口语教学模式进行研究。

第四章 基于跨文化交际法的高校英语听力、口语教学模式

一、文化差异对高校英语口语教学的影响

文化差异对口语交际有着重要的影响,对高校英语口语教学的影响也是显而易见的,因此教师在开展高校英语口语教学时要让学生了解文化差异所产生的影响,培养学生的文化差异意识。

(一)词汇内涵差异的影响

词汇是人们撰写文章、口语表达思想的基础,要想准确地传递信息和情感,首先要掌握大量的词汇,并且要了解词汇的含义,包括基本含义和内在文化含义。词汇蕴含着丰富的文化内涵,这对口语表达也有着重要的影响作用。英汉文化差异在词汇上有着鲜明的体现,所以了解和掌握这些词汇的文化内涵,并将其准确地应用到口语表达中,将能有效提高语言表达的水平。例如,在交际中当对方说"Paul was in blue mood."这句话时,如果不理解 blue 的文化含义,将很难顺利进行交际。在这里,blue 并不指其基本含义"蓝色",与 mood 搭配表示的是"沮丧的,忧郁的"。了解了这一文化含义,交际自然就能顺利进行了。这样的例子还有很多,如在汉语文化中,"马"(horse)被人们视为朋友,属于积极进取、奋发图强、吃苦耐劳、勇往直前的正能量代表,如"马到成功""龙马精神"等都表达了这一象征意义。但在英语文化中,horse 常用来做普通的喻体而已,和马毫无关系,如 white horse(泡沫翻腾的浪峰),horse of another color(完全不同的另一回事)等。

对此,在高校英语口语教学中,教师首先应丰富学生的词汇量,同时让学生掌握词汇所蕴含的文化含义,并了解英汉词汇含义所体现出的文化差异,从而培养学生的词汇对比意识,提高学生的口语表达能力。

(二)语用规则差异的影响

语言交际有一定的规则,即语用规则。如果不了解英汉语用规则,就会对交际造成影响。例如,在寒暄方面,中国人见面习惯说"吃过了吗"表示关心。这样的表达并不在于"吃饭"本身,而是一种招呼用语,

有着类似于"你好"的问候语义,相当于英语中的 hello。但是在西方国家,如果听到"Have you eaten yet?"时,他们会理解为对方想请他吃饭,然后会做出回应:"Thank you, it is very kind of you."

对此,在高校英语口语教学中,教师应向学生介绍英汉语中的语用规则,以及英汉语用规则的差异,以免学生在交际实践中出现误解而影响交际。

(三)地理环境和气候条件差异的影响

地理位置不同,其气候条件也不同,这会对文化产生一定的影响,进而在语言中有所体现。例如,英国是个岛国,多面环海,处于温带海洋性气候带,气候四季温暖。受地理环境和气候条件的影响,英国降雨频繁,随时都有可能下雨,因此人们常随身带伞。基于这一背景,在日常生活中就不宜跟英国人开关于天气的玩笑,否则会引起交际失败或者冲突。

二、跨文化交际视角下高校英语口语教学的原则

在高校英语口语教学中,教师应遵循科学的教学原则,以有效提高学生的口语水平,提升教学的效率。具体而言,可遵循以下几项原则。

(一)先听后说原则

在英语语言技能中,听和说是相辅相成的,听是说的基础,俗话说"耳熟能详",只有认真听、反复听、坚持听,才能最终说一口流利的英语。因此,高校英语口语教学应当坚持先听后说原则,即教师首先应注意加强学生听的能力,其次才是说的能力。只有坚持先听后说原则,才能帮助学生掌握正确的发音,为训练口语能力打下良好基础。

(二)循序渐进原则

口语能力的提升需要一个很长的过程,不可能一蹴而就,因此在高校英语口语教学中,教师应遵循循序渐进原则,即由易到难、由理论到

第四章 基于跨文化交际法的高校英语听力、口语教学模式

实践,层层深入,逐步提升学生的口语能力。我国的大学生来自全国各地,不仅英语水平参差不齐,发音也会受方言的影响,因此教师在口语教学的过程中首先应该解决学生语音、发音层面上的问题与困难,纠正他们的错误发音,让学生根据从简单到复杂的程序,从语音、语调、句子、语段等逐步进行锻炼。另外,教师在安排与设计教学步骤时也要遵循科学原则,充分把握难易程度。如果教学目标定得太高,学生学习起来会有压力;如果目标定得太低,学生学习起来会缺乏挑战性和乐趣,因此教学目标设计要适度,应符合学生的实际水平。

(三)实用性原则

在高校英语口语教学中遵循实用性原则,是指在教学中要明确口语练习与口语教学的基本目的。口语的作用在于交际,在于传递信息,因此高校英语口语教学的最终目的在于培养学生的社会交流能力,而非单纯的书面表达能力。无论语言多么漂亮,如果不能在合适的场合发挥作用,不仅不会达到交流目的,也会影响语言的交际。语言与文化密切相关,人们在日常的交流过程中培养的是语言习惯,而不是单纯地进行内容联系。语法瑕疵并不影响正常的交流,但语言使用规则是无法逾越的雷区。也就是说,高校英语口语教学应有计划地进行文化教学,渗透社会文化背景知识的讲解,让学生明白在什么场合使用什么样的交流方式。具体而言,教师可以充分利用多媒体技术,通过电影、视频等营造语言环境,创造交流空间。教师还可以引导学生阅读英语剧本,让学生了解剧本中所隐含的社会文化背景,然后指导学生进行角色扮演,锻炼学生的口语能力。

三、跨文化交际视角下高校英语口语教学的优化方法

基于跨文化交际视角,高校英语口语教学应优化教学方法,将目光投向文化教学,实现口语教学与文化教学的融合,从而丰富学生的文化知识,扩大学生的文化视野,进而提高学生的口头表达能力和跨文化交际能力。具体而言,在跨文化交际视角下的高校英语口语教学中,教师可采用以下方法开展教学。

(一)文化教学法

随着高校英语教学的改革,教师很有必要将语言教学与文化教学相融合,适时地开展文化教学,向学生讲授与语言知识联系密切的文化背景知识,从而提高学生的人文素养,培养学生的跨文化交际能力。教师可采用以下几种方法来开展文化教学。

1. 直接讲解法

教师可以在高校英语口语教学中采用直接讲解法向学生讲授文化知识,即以学生的实际情况为出发点,选择具有代表性的文化知识,尤其是那些中国学生在跨文化交际过程中容易出现问题的内容。例如,在练习表示"感谢与答谢"之前,教师可以直接为学生讲解中国人与英美人在表达方式上的差异。在中国文化中,如果一个人得到了另一个人的帮助,那么这个人通常会对另一个人说:"谢谢你,真不好意思浪费了你那么长时间",认为这是表示感谢最好的方式。但英美人并不认为帮助他人是浪费时间,所以如果这样表示感谢,他们会觉得无法理解,甚至造成一定的误解。因此,当要向英美人表示感谢时,只需表示一下感谢然后找一个理由离开即可,如"Thank you very much for your help. I'm afraid I must be leaving now because I have to finish my paper tonight."类似的例子还有很多,教师应有意识地丰富学生的文化知识,培养学生的文化素养,为学生的口语能力和跨文化交际能力的提高做好铺垫。

2. 文化对比法

英汉文化差异对口语交际有着很大的影响,因此在高校英语口语教学中,教师应加入中国文化元素与西方文化元素的对比,呈现中西方文化之间的差异。以饮食文化为例,西方人宴请客人时多考虑客人的口味、爱好,菜肴通常经济实惠。中国人为了表示热情好客,在请客时通常准备多道菜肴,而且讲究菜色搭配。引导学生进行饮食文化对比,不仅能提高学生的文化适应性,而且能减少汉语思维的负面影响,进而提高学生的跨文化交际能力。

第四章 基于跨文化交际法的高校英语听力、口语教学模式

3. 课外教学法

课外教学是课堂教学的延伸,对学生口语能力的提高有着很大的促进作用。具体而言,教师可以组织学生进行英语知识竞赛、英语演讲等活动,以促使学生将平时所学的语言运用于实践。此外,教师可以组织学生开展社会实践活动。常见的社会实践活动有为外国游客做导游、在活动中做志愿者接待外宾等。这些社会实践活动能有效弥补课堂英语教学的不足,并且可以培养学生学习口语的成就感,提高学生的自信。

(二)美剧辅助法

大学校园中,美剧十分流行,深受学生的喜爱。实际上,美剧并不仅仅是一种消遣方式,还是帮助学生认识西方文化、提高口语表达能力和交际能力的重要途径。对此,教师可以通过美剧来开展口语教学,以改善口语教学环境,激发学生的学习兴趣,锻炼学生的口语表达能力。

1. 选择合适的美剧

美剧通常语言地道、故事情节生动,富有吸引力,是一种有利于激发学生兴趣的学习资料。美剧类型丰富,题材各异,不同类型的美剧对学生的口语能力所发挥的作用也不相同,因此在运用美剧开展口语教学时,教师要对美剧进行筛选,选择有利于发展学生口语水平的美剧。此外,教师还要提醒学生不要只沉浸在对美剧的欣赏中而忽视对美剧中语言知识和文化背景的学习,鼓励学生带着学习动机来观赏美剧。

2. 开展层次性的反复训练

在运用美剧进行口语教学时,教师应遵循循序渐进原则,开展反复性的练习,逐步提升学生的口语能力。例如,在首次观看的时候,教师要引导学生将精力放在剧情上;在第二次观看时,教师可以引导学生对剧中的表达和语法等进行推敲;第三次观看时,教师可引导学生重点对人物说话的语气以及台词所隐含的内容进行挖掘和分析。分层逐步开展,可以有效加深学生的理解和记忆,对提高学生的口语能力十分有利。

3. 关闭字幕自主理解

在看美剧时,很多学生习惯看字幕,脱离字幕将无法正常观看影片,实际上这样观看美剧对提高口语表达能力不利。在观看美剧时,学生应对台词形成自己的理解,在不偏离剧情中心思想的情况下抛开字幕自主理解,可以有效锻炼英语交际思维。

4. 勇于开口模仿

学生要想通过美剧切实提高口语交际能力,就要在听懂台词、了解剧情的基础上开口说,即对剧中人物的台词进行模仿。只有不断地开口练习,才能培养英语语感,增加知识储备,进而提高口语交际能力。

总体而言,采用美剧来辅助高校英语口语教学,能有效提升学生的听说能力,还能提升学生的写作能力,进而培养学生的跨文化交际能力。

第五章 基于跨文化交际法的高校英语阅读、写作、翻译教学模式

阅读与写作是书面语言中重要的输入与输出方式,在语言与文化交流中有着非常重要的作用。翻译是不同语言之间的转换过程,是语言与文化交流中的重要媒介和桥梁。因此,阅读、写作、翻译不仅是语言的重要技能,还是交际的重要形式。随着经济全球化与文化全球化的进步与发展,社会需要更多高素质的应用型英语人才,这样便于人们展开交流与沟通,这就对英语阅读、写作、翻译教学提出了更高的要求,即要求它们应该实现跨文化转型,在提高学生语言能力的基础上,提高学生的跨文化能力。本章承接上一章,对基于跨文化交际法的高校英语阅读、写作、翻译教学模式展开研究。

第一节 基于跨文化交际法的高校英语阅读教学模式

阅读是学生学习英语时必须要掌握的一项技能,也是对学生英语水平进行衡量的一项重要指标。通过阅读,学生可以获得丰富的信息,拥有丰富的体验,感受语言带给自己的文化魅力。但是,阅读并不是简单地接收信息的过程,而是一种复杂的交际与思维活动,其不仅受到语言

能力的影响,还会受到文化因素的影响。因此,在阅读教学中,只有重视对文化内容的教授,并将跨文化内容融入英语阅读实践中,这样才能真正地提升学生的阅读理解与应用能力。

一、文化差异对高校英语阅读教学的影响

阅读过程常会涉及文化问题,如果不具备一定的文化知识,不了解英汉文化的差异,将很难有效进行阅读。可见,文化差异对英语阅读有着重要的影响,以下就对此进行具体说明。

(一)历史文化层面

每一个国家和民族在漫长的演变和发展中形成了有着民族特色的历史文化,蕴含着丰富的文化底蕴。在阅读英语文章时,学生时常会因为不了解相关的历史文化而产生阅读障碍。

例如,meet one's waterloo 这一成语中来自著名历史事件——滑铁卢战役。Waterloo(滑铁卢)是比利时中部的城镇,1815年拿破仑在这个地方大败,从此一蹶不振。Waterloo 这个小镇也因此次著名战役而出名。从字面意思上来看,meet one's Waterloo 是"遭遇滑铁卢战役之类的事",可以进一步引申为"惨败"。

对此,在高校英语阅读教学中,教师应丰富学生的历史文化知识,扩大学生的知识面,为学生阅读能力的提升奠定基础。

(二)思维模式层面

不同的民族有着不同的思维模式,这种思维模式在语言中有着显著的体现,即表现为英汉语篇有着显著的差异。英语语篇属于演绎型语篇,往往开门见山,在文章的一开头就表明作者态度,随后再进行验证说明。汉语语篇属于归纳型语篇,往往是先摆事实、讲理由,最后得出结论,而且作者的主题思想隐蔽,需要学生边阅读边体会。这就使学生养成了精读的阅读习惯,在面对英语文章时不善于运用略读等技巧,进而影响阅读效率。

第五章 基于跨文化交际法的高校英语阅读、写作、翻译教学模式

对此,教师在阅读教学中应引导学生了解英汉思维的差异以及这种差异对语篇阅读的影响,培养学生的英语思维,锻炼学生运用英语思维理解文章的能力。

(三)社会文化层面

由群众创造的具有民族特征的并对社会群体发挥作用的文化现象就是社会文化。社会文化的不同也对学生的英语阅读造成了一定的影响。例如,bread and butter 这一短语,bread 的意思是"面包",butter 的意思是"黄油",在西方,面包和黄油都是很日常的食物,是人们日常生活中不可缺少的,因此 bread and butter 在英语中就用来引申为"生计,主要收入来源"。如果学生不了解这一文化背景,在阅读中就会影响正确理解。

二、跨文化交际视角下高校英语阅读教学的优化方法

(一)采用"阅读圈"教学

"阅读圈"是指一种由学生自主阅读、自主讨论与分享的阅读活动。[1]在大学英语阅读圈中常常会采用分组的学习方式,小组中每位学生自愿承担一个角色,负责一项工作,并进行读后反思。在阅读体裁的选择上,可以选择自己喜欢和感兴趣的文章开展有目的性的阅读。同时,每个人都有自己的任务需要完成,每个人在阅读完以后都要和他人分享和讨论相关性的问题。阅读圈模式的目的是鼓励学生阅读和思考,其活动效果在很大程度上取决于小组成员在前期是否做好了充分的准备工作。采用"阅读圈"教学法开展阅读教学,对于提高学生的阅读兴趣和教学效果具有重要意义。在英语阅读教学中,"阅读圈"教学法主要包含以下几个实施步骤。

---

[1] 刘卉.英语文化教学中阅读圈教学模式的构建与探索[J].教育现代化,2018,(45):237.

1. 设计任务

教师以某个文化专题为教学内容,明确教学目标,选定学生在课堂以及课外需要阅读的材料,设计好相应的需要学生进行讨论和分析的问题,并规划好学生完成这些任务的学习模式。

2. 布置任务

在这一环节,教师安排学生组成"阅读圈",每个小圈子为6~7人。之后,教师向学生讲解阅读圈教学模式的理念、要求和规则,告知学生的学习重点和内容。此外,教师可以鼓励学生在自己的阅读圈内承担一定的角色,具体角色示例如表5-1所示。

表5-1 阅读圈各成员的角色分配示例

角色	具体任务
讨论组织者	主持整个讨论过程,并准备相关问题供圈内成员讨论
词汇总结者	摘出阅读材料中与文化专题相关的重点词汇和好词好句,引导圈内成员一起学习
总结概括者	对所有阅读材料的文化元素和内容进行总结并与组员分享,同时总结、评价小组活动的内容和成果
语篇分析者	提炼阅读材料中重要的语篇信息并与圈内成员分享
联想者	将所阅读材料与文化专题相对应的中国文化的内容建立联系,结合最新的社会文化发展动态进行批判性评价
文化研究者	从阅读材料中找到与自己相同、相近或者不同的文化元素和内容,并引导圈内成员进行比较

(资料来源:刘卉,2018)

3. 准备任务

在布置完任务之后,教师引导学生进行独立思考,并让学生对需要讨论的问题及自身的思考结果形成文字。此外,由于阅读圈内各成员承担着不同角色,教师应鼓励学生完成各自任务,自由表达自己对文化的不同看法。

4. 完成任务

当学生通过自己的努力和教师的引导完成相应的任务时,各个小组

第五章 基于跨文化交际法的高校英语阅读、写作、翻译教学模式

就可以按照各自负责的内容进行汇报,对所读内容进行信息加工、思维拓展,确定小组汇报的内容,最终形成PPT,在课堂上展示核心成果。这一阶段是学生汇报并自由讨论的阶段,有助于启发学生的多元思维,深化文化内容的探讨,因此教师要引起足够的重视。教师作为活动的组织者和指导者,要掌控整个讨论过程,对讨论过程中可能出现的争论不休或偏离主题等问题进行及时解决。

5. 评价任务

当学生各自汇报完自己的学习成果时,就可以进入评价阶段了。评价可以是学生自评,也可以是同学互评,还可以是学生和教师共同评价。在互评时,可以根据每个阅读圈展示的阅读成果以及成员讨论表现进行打分。学生互评完成后,教师可以进行总结,对各阅读圈及学生自身的表现进行点评。需要注意的是,教师在点评时要注意尊重学生对文化的不同观点,重点关注学生思想的深度和广度,同时对那些积极参与讨论的学生提出表扬,以此带动全班同学积极参加此类活动。

(二)构建阅读文化图式

图式理论充分彰显了阅读的本质,即强调阅读的本质是读者及其大脑中所理解的相关主题知识与阅读材料输入的文字信息之间相互作用与交互的过程。图式理论是一种关于阅读研究的科学理论,其不仅强调文化背景知识与文化主题知识的重要性,而且并未忽视词汇、语法在阅读中的重要作用。下面通过读前、读中、读后三个阶段进行详细的分析。

读前阶段是信息导入阶段。在这一阶段,要发挥出图式在阅读之前的预测功能。教师可以组织学生参加一些讨论、预测或者头脑风暴等活动,从而将学生头脑中的图式激发出来。在这一阶段,通过自上而下的阅读,学生头脑中的先验知识与文本相结合,将学生的图式激活,为学生进一步的阅读埋下伏笔。

读中阶段是文化渗透阶段。在这一阶段,要发挥出图式的信息处理功能。学生根据自上而下的模式来探究文章的整体思路。一些新的文化知识可以通过自上而下的阅读模式获得,从而构建内容图式与阅读技巧。在读中阶段,略读、细读等都是比较好的策略。

读后阶段是文化拓展阶段。在这一阶段,要发挥出图式的记忆组织

功能。教师可以通过各种活动对学生的新图式加以巩固,如辩论、角色扮演、讨论等。图式理论指出学生存储在大脑中的图式越丰富,学生的预测能力就越强。因此,课外阅读是非常重要的。

具体可以通过图5-1体现出来。

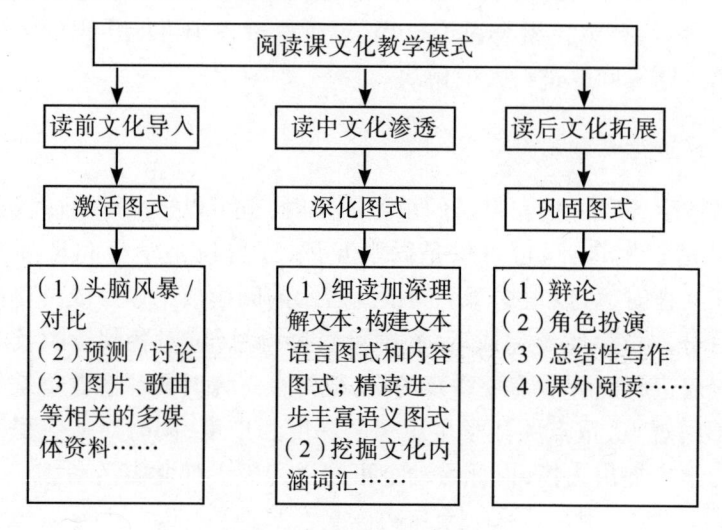

```
                    阅读课文化教学模式
           ┌───────────────┼───────────────┐
      读前文化导入        读中文化渗透        读后文化拓展
           ↓               ↓                ↓
        激活图式          深化图式           巩固图式
```

激活图式	深化图式	巩固图式
（1）头脑风暴/对比 （2）预测/讨论 （3）图片、歌曲等相关的多媒体资料……	（1）细读加深理解文本,构建文本语言图式和内容图式;精读进一步丰富语义图式 （2）挖掘文化内涵词汇……	（1）辩论 （2）角色扮演 （3）总结性写作 （4）课外阅读……

图 5-1　阅读文化图式模式

（资料来源：马苹惠,2016）

1. 读前文化导入——激活图式

（1）头脑风暴法

在英语阅读中,头脑风暴法常被用于导入环节之中。学生通过这一方法可以展开丰富的联想,从而刺激头脑中形成新的图式。因此,教师在文化导入过程中要考虑话题的需要,为学生创设合理的头脑风暴,让学生更好地融入课堂之中。

（2）预测与讨论

在阅读之前运用图式理论时,教师应该发挥学生推理的能力。学生通过对文本材料进行解读与推理,从而刺激自身的图式。

（3）运用多媒体资料

在文化导入阶段,教师应该善于运用多媒体资料,从而让学生更好地体验文化教学的特色。通过多媒体,学生可以更直观地感受语言知识,了解中西方语言文化的差异,刺激学生的图式,让学生在激活自身图式的基础上进行下一步内容图式的拓展。

第五章　基于跨文化交际法的高校英语阅读、写作、翻译教学模式

2. 读中文化渗透——深化图式

在读中阶段，教师可以在这一阶段进行文化知识的渗透，进一步对学生的内容图式加以丰富，从而让学生更好地展开阅读。在阅读教学中，教师采用扫描、略读等策略帮助学生构建灵活的图式，促进学生激发头脑中与之相关的图式，从而便于学生更好地理解文章。在细读阶段，教师要帮助学生挖掘与语篇相关的文化内涵，扫除他们在正式阅读中的障碍。

首先，可以通过略读和扫描法，让学生大致了解文章的大意，从而获得对文章的总体信息与思路，这是帮助学生建构相关内容图式的有效路径。扫描法是学生根据教师的指令在文章中找到特定的信息。

其次，可以通过细读，让学生明确每一个单词的含义，尤其是那些具有文化内涵的词汇，从而丰富学生的内容图式。

3. 读后文化拓展——巩固图式

在读后阶段，主要是充分发挥学生头脑中的记忆功能。一般来说，读后的文化拓展方法主要有如下几种。

第一种是辩论。教师可以针对文本材料中的相关内容，选取一些视角展开辩论，学生在辩论中对与文本相关的内容图式加以巩固。同时，通过辩论，学生也可以更好地理解文本的文化内涵与文化背景知识。

第二种是角色扮演。学生通过学习与文本相关的文化知识，从而丰富自身的文化内容。然后，学生带着角色有目的地重新阅读文本，教师引导学生对文本进行改编或者情景模拟，从而激发学生学习的兴趣和积极性，提高他们在真实语境下对文本综合运用的能力。

第三种是总结性写作。这一方式有助于学生加深对文本的理解，让学生将文化知识从短时记忆转向长时记忆。

第四种是课外阅读。除了课后巩固之外，教师还应该鼓励学生展开课外阅读。通过大量的课外阅读，学生可以提高学习的自主性，而且还能在阅读中不断丰富自身的内容图式。

第二节 基于跨文化交际法的高校英语写作教学模式

在英语技能教学中,写作教学是其重要的一部分。通过写作教学,学生能够不断提升自身的写作能力与思维能力,提升自己情感表达的水平。但是,英语写作教学也会受到文化因素的影响,因此需要将文化渗透其中。

一、文化差异对高校英语写作教学的影响

(一)词汇层面

词汇与文化有着密切的关系,且是语言中最为弹性与活跃的部分,是文化负载量最大的部分。因此,要想对英语词汇有真正的了解,就需要明确词汇的文化内涵。英汉语属于不同的词汇体系,词汇含义不可能是完全对应的。有的学生认为,只要掌握了一定的词汇量,那么就可以凭借常识与习惯去了解不同的文化。当然,英汉语中存在一些耦合的现象,但是这种耦合并不多。如果仅仅从自身经验与文化立场出发,恐怕很难了解英语中的一些惯用法。

(二)句子结构与段落篇章层面

除了词汇,文化因素也会对句子结构与段落篇章产生影响。在句子结构上,英语思维是先直接传达重要信息,然后再传达次要信息。尤其是表达复杂的思想时,英语习惯开门见山,先把叙述的重点放在开头,然后再运用各种手段展开分述。在西方人观念中,文章是否连贯取决于连词的使用是否符合逻辑。但是汉语中连词很少,句子与句子的逻辑是通过内容体现的。

在段落布局上,中西方思维出现了螺旋式与直线式的差别。英语直

第五章 基于跨文化交际法的高校英语阅读、写作、翻译教学模式

线型的思维要求开篇点题,一般会在首句点出主题,每一段的主题句与文章主题相呼应。之后每一段的具体内容与整个段落的首句呼应。但是相比之下,汉语往往采用螺旋式的思维,即先进行渲染,然后在结尾点出主题。

二、跨文化交际视角下高校英语写作教学的优化方法

（一）多技能综合教学

所谓综合教学法,是指将写与听、说、读几项基本英语技能相结合,使之相互作用,提升学生的写作能力和培养学生的英语综合能力。

1. 听、写结合

听是语言输入性技能,可以为写作积累丰富的素材,加快写作的输出。教师可以采用边听边写和听后笔述或复述的方式开展教学。

边听边写可以是教师朗读,学生记录,也可以是播放录音,学生记录。听写的内容可以是课文内容,也可以是其他故事或内容。

听后笔述或复述是指教师以较慢的语速朗读或者录音播放听写材料,一般朗读或播放两至三遍,在这一过程中学生只听不写,在朗读或播放录音完毕后,教师要求学生凭借记忆进行笔述或复述。在笔述或复述时,学生不必拘泥于原文的词句,也不用全部写出或背诵出,只要总结出大意即可。这种方式能有效锻炼学生的语言组织和概括能力。

2. 说、写结合

说与写密切相关,说是写的基础,写与说相互贯通。以说带写,可以有效激发学生的写作兴趣,提高学生的写作能力,还能锻炼学生的口语表达能力。具体而言,教师可以采用改写对话和课堂讨论的方式开展教学。

3. 读、写结合

读与写的关系十分密切,通过阅读可以获取大量写作所需的素材,通过写作可以进一步巩固阅读能力。写作作为一种输出活动,是离不开语言知识的输入的,如果没有语言知识的积累,将不可能写出内容充实

的文章。阅读作为积累语言知识的重要途径,将能为写作奠定良好的基础。但学生的阅读需要教师的指导,因为很多学生都将理解文章内容作为阅读目的,而很少从中吸取有利的写作素材。对此,教师应引导学生体会作者遣词造句的技巧,并培养学生记笔记的良好习惯,从而使学生积累大量的利于写作的语言知识。通过阅读,学生的阅读能力不仅会得到锻炼,写作水平也会显著提高。

总体而言,在大学英语教学中,要重视英语基础知识和技能的教学,并不断进行创新,从而提高教学的质量,培养学生的英语综合能力。

(二)运用语块教学模式

受负迁移作用的影响,学生习惯用汉语思维来对文章进行组织,这样很容易出现各种错误,如句式单一、语言不通顺等。因此,在跨文化背景下,教师可以采用语块教学法展开写作教学。

根据语块教学法可知,本族语者之所以能够表达顺畅,是因为他们在脑海中会存储一些各种情境下的语块,而不是某一个词。在发话或者写作中,他们可以调用这些语块,无须进行排列加工。这样的语言输出才更有速度与质量。同样,将这一理论运用到写作教学中就要求教师应该对学生加强语块训练,让学生在脑海中形成整体的语言知识,以语块来组织写作练习,这样写出来的文章才具有整体性与格局性。

第三节 基于跨文化交际法的高校英语翻译教学模式

翻译是世界各国之间相互沟通的桥梁,其不仅涉及语言之间的转换,而且涉及文化之间的交流。可以说,翻译是基于不同语言之间转换的跨文化交流活动,其与文化之间的关系自然不必多说。因此,在英语翻译教学中,教师应基于跨文化交际视角来培养学生的翻译能力,使学生成为能够运用翻译技能流利进行跨文化交际的英语人才。

第五章　基于跨文化交际法的高校英语阅读、写作、翻译教学模式

一、文化差异对高校英语翻译教学的影响

（一）风俗习惯层面

中西文化差异在风俗习惯上有着显著的体现，而风俗习惯的差异对翻译也有着很大的影响。例如，在饮食方面，中西方就有着显著的差异。中国人对饮食向来十分注重，俗话说"民以食为天"，中国人不仅讲究吃，而且追求美味，将美味作为评价食物的最高标准。西方人在饮食上非常注重营养，往往以营养作为饮食的最高标准。在西方人的饮食观念中，维系生命，保持身体健康，是饮食的主要目的，饮食并不是为了享乐。在饮食对象方面，西方人主要以面包为主，而中国则通常以米饭或面食为主，这种差异在翻译中体现得很明显。例如，英文中有 a piece of cake 这一短语，如果直译为"一块蛋糕"，会让读者感到莫名其妙，不知其意，这是因为蛋糕在中国人的主食中并不常见。但是，如果将其译为"小菜一碟"，那就很容易为中国读者所理解。同理，在汉语中有"画饼充饥"这一成语，译者在翻译时最好译为"draw a cake and call it a dinner"，这样更容易被西方读者理解。

（二）思维方式层面

中西方的思维方式存在明显的差异，这在语言上有明显体现，因此必然会对翻译产生重要影响。例如，对于同一事物，由于思维方式不同，语言表达也不同，如"红茶"与 black tea 相对应，"红糖"与 brown sugar 相对应。如果将"红茶"翻译成 red tea，将"红糖"翻译成 red sugar 必然会闹出笑话。

（三）词义意象层面

语境不同，词汇的联想意义也不同。例如，black holes 这个词不仅可以翻译为"黑洞"，也可以翻译为"军营中的牢房"，具体如何翻译，需要根据具体的语境来确定。如果对这两种意象不了解，很容易出现翻译的错误。

二、跨文化交际视角下高校英语翻译教学的原则

(一)循序渐进原则

翻译能力的提高不可能一蹴而就,而是要经历一个过程。相应地,翻译教学也不能操之过急,应遵循由浅入深、循序渐进的规律,所选的语篇练习也应该先易后难,逐步帮助学生提高翻译能力。从篇章的内容来看,应该是从学生最熟悉的开始;从题材来看,应该从学生最了解的入手;从原文语言本身来看,应该是从浅显一点的渐渐到难一些的。这样由浅入深,学生对翻译学习会越来越有信心,兴趣也会逐渐增强,翻译技能也会相应得到提高。

(二)精讲多练原则

精讲多练原则主要包含两个层面:精讲和多练。翻译教学如果仅从传统教学方法入手,先教授后练习,那么是很难塑造好的翻译人才的。因此,在翻译教学中,教师不仅要教授,还需要练习,在课堂上将二者完美结合。

(三)实践性原则

只注重翻译理论的教授很难培养出好的翻译人才,还需要进行翻译练习,这就是翻译的实践性原则。在翻译教学中,教师应该为学生创造更多的机会展开练习。例如,教师可以让学生去翻译公司实习,通过实际活动来体验翻译实践活动。

三、跨文化交际视角下高校英语翻译教学的优化方法

(一)在翻译教学中讲解翻译技巧

1. 长定语的翻译

英语的长定语包括从句、独立结构等,较之汉语的定语有位置、使用

第五章　基于跨文化交际法的高校英语阅读、写作、翻译教学模式

方式、使用频率方面的不同,所以长定语的翻译一直是我们英语学习中的难点。我们学习外语,不可避免地会以母语作为参照,因此外语学习的过程就是摆脱母语干扰的过程。在翻译比较复杂的语言文字时,大脑需在两个语言频道间频繁转换,由于对母语本就自然依赖,此时大脑更容易受母语影响,而长定语翻译的困难之处正在于此。

在翻译实践中,根据原句的特点和句子长短,可尝试运用两种翻译技巧。

原句较短,可译成标准的汉语定语句式。例如:

Besides coffee industry, there are many other fields in which Uganda and China can cooperate.

除咖啡产业外,乌中之间在很多其他领域都可开展合作。

原句较长,可将定语从句拆开单译。例如:

After years of economic reform, this country has achieved macro-economic stability characterized by low inflation, stable exchange rates and consistently high economic growth.

经过数年经济改革,这个国家实现了宏观经济的稳定,其特点为低通胀、汇率稳定和持续高速的经济增长。

因为在即时口译翻译中,时间有限,若译成较长的句子,容易产生口误或错误,导致听者理解困难。汉译英时更要注意长定语的翻译,毕竟英语的使用不如汉语熟练,如果在长句翻译中稍有语法错误就会影响翻译质量。英文母语使用者第一追求是意思的清晰明了,而不是句式和用词的复杂华丽。

2. 无主句的翻译

无主句是汉语使用中常出现的情况。例如:

医院将提升学术水平作为重中之重,实施科研精品战略,以立足长远、收缩战线、调整布局、突出重点、加强协作、结合医疗为方针,加强学科建设、重点实验室和科研队伍建设,先后培养出5个国家重点学科,18个省重点学科,8个卫生部重点实验室,为获取重大科研课题和重大科研成果奠定了基础。

在这样一个长句中只有开头一个主语。翻译中如果也这样设计句子结构,就会产生非常混乱的感觉。建议具体翻译方案如下:

添加主语:The hospital prioritizes the upgrading of academic capacity and establishment of key disciplines. It practices the "Strategy of Premium Research". It holds on to the Long-term based, concentrated, restructured and concerted guideline which combines with medical service.

被动语态：Key disciplines and key labs are emphasized in the process which resulted in the establishment of 5 national level disciplines, 18 provincial ones and 8 labs of ministerial importance.

在书面和非常正式的场合可用从句：That premium research is practiced as a strategy, that the guideline of long-term, concentrated, prioritized development are emphasized.

3. 替代词的使用

在阅读翻译作品时，常感文字表述不顺，很重要的一个原因是，英文替代词的使用要远多于汉语，其中包括代词、名词、助动词、系动词等。此时，我们应该注意依照目标语言的使用习惯进行转译。例如：

沈阳是个以制造业为经济基础的城市，……，沈阳还是个有着上千年历史的古城。

Shenyang is a manufacturing based industrial city..., it is also a thousand years old ancient city.

I prefer cars made in Germany to those made in Japan.

译文：相比日本汽车，我更喜欢德国车。

另一种替代是用可表示其特点的名词替代。例如：

Both China and the United States are great countries in the world and their partnership will be contributive to world peace and development. The greatest development country and the greatest developing country will certainly play leverage in world affairs.

中美两个大国及其伙伴关系会对世界和平和发展做出巨大贡献，两国在世界事务中将起到举足轻重的作用。

注：英文表述中分别用表示各自特点的名词 the greatest developed country 和 the greatest developing country 替代各自的名称。这样的情况在英文中比比皆是。如提及中国时可用 the fastest growing economy, the most populous country in the world, the ancient oriental civilization 等。提到美国时可用 the most advance economy, the only superpower 等。

4. 三段式翻译

中文表述中常出现多谓语情况。例如：

大连地处辽东半岛南端，风光美丽宜人，是东北乃至东北亚地区重要的海港城市。

这种情况下，建议将次要谓语译为独立结构，另两个谓语译为双谓语句子。翻译如下：

Situated on the south tip of Lidong Peninsula, Dalian is a city of pleasantry and a harbor city of regional importance in Northeast China, even in Northeast Asia.

5. 插入语

英文会使用很多插入语，跟汉语相比这是较为独特的现象，在翻译时应该注意句子成分位置的变化，以达到更加地道的语言表达效果。例如：

Another impediment to archeological research, <u>one of worldwide concern</u>, was the increasing resistance to excavation of the remains of indigenous inhabitants.

<u>令世界关注的</u>另一个对考古研究的阻碍是人们对当地居民遗产的发掘的抵制。

6. 句子成分转换

一些经验不足的译者往往进行字对字的翻译，经常费力不讨好，且译出的语言文字显得不伦不类，有时甚至令人费解。实际上翻译是一个思想传递的过程，而非一味追求语言的绝对忠实。例如：

装备制造业是国家工业化、现代化的标志，也是国民经济的基础，是一个国家竞争力的体现。

Capacity of Equipment manufacturing indicates industrialization and modernization, underlies national economy and backs up national competitiveness.

上例中，将原文的宾语译成了谓语。

7. 填词、省略法

在翻译过程中,原则上不能随意加词,但为更好地表达,以便读者或听者更好地理解,翻译时也可添加词,前提是虽原文中未提及,但明显隐含其意。例如:

Without your help, my trip to China wouldn't have been such a pleasant one.

如果没有你的帮助,我的中国之行不会如此愉快。

有添,就有略,两者都是由文化差异、语言习惯造成的。如果不进行必要的处理,自然无法达到最佳翻译效果。例如:

会议讨论了环保问题。

译文:Meeting discussed environmental protection.

上例中省略了"问题"。

(二)提升学生翻译知识与综合能力

1. 扩大学生的知识面

翻译是一项包含多领域的活动,如果对翻译的基础知识不了解,就很难明白文本的内容,也很难准确展开翻译。到目前为止,我国很多高校的英语翻译教学过多关注翻译基础知识,而忽视翻译能力培养,尤其是很少介绍文化方面的知识,这就导致学生遇到了与文化相关的翻译内容时往往手足无措,甚至会出现翻译错误。因此,在英语翻译教学中,应该渗透文化知识,扩大学生的知识面,培养学生对文化知识的理解与把握,帮助他们形成翻译能力。

2. 提高学生语言功底

翻译活动是一项复杂的活动,其需要学生具备双语知识。也就是说,英汉语言功底对于翻译人员都不可缺少。因此,在翻译教学中,教师不仅要教授学生英语语言知识,还需要培养学生的汉语表达能力,熟悉英汉语言国家的表达习惯,提升翻译质量。

第五章　基于跨文化交际法的高校英语阅读、写作、翻译教学模式

3. 注重文化对比分析

由于教学环境的影响，英语文化的渗透还需要依赖翻译教学，其中文化对比分析是一种比较重要的方式。具体来说，在翻译教学中，教师不仅要讲解教材中的文化背景知识，还需要对文章中的中西文化进行对比与拓展，帮助学生在翻译内容时接受文化知识。另外，利用文化对比分析，有助于学生建构完整的文化知识体系。

4. 重视归化与异化结合

在翻译策略选择上，归化策略与异化策略是两种重要的翻译策略。由于英汉语言的差异，翻译实践中如果仅依靠一种策略是很难完成全部翻译内容的，只有将二者结合起来，并进行灵活的处理，才能保证翻译出的文章更为完美。

5. 媒体教学与课外活动相结合

为帮助学生更好地展开翻译，教师应该鼓励学生多学习一些英美原版作品，如教师可以引导学生多观看一些英美原版电影，从电影字幕出发教授学生翻译的技巧。另外，教师应该让学生在课外多收集一些生活风俗、文化背景方面的资料，在阅读与翻译中学到更多的知识，从而为以后的翻译做铺垫。

第六章 网络视角下的高校英语跨文化交际法教学研究

在互联网时代下,高校英语跨文化交际教学需要符合社会发展的要求。互联网技术的不断发展为高校英语跨文化交际教学工作提供了很多思路,要求高校英语教师具备扎实的网络教学技术,并且能够与英语学科教学活动紧密结合,借助信息化的工作,调动学生的英语学习积极性和主动性,提升学生英语学习的效率,让互联网技术更好地为高校英语跨文化交际教学服务。本章主要分析网络视角下的高校英语跨文化交际法教学研究。

第一节 网络技术与高校英语跨文化交际教学的结合

网络是由节点与连线构成,是不同对象间的相互联系。网络在不同领域有不同的意义,在数学领域,网络一般指代加权图;在物理领域,网络是基于某种相同类型的实际问题而抽象出来的一种模型;在计算机领域,网络被定义为一种虚拟平台,主要用于信息传输与接受。总体而言,人们运用网络可以连接各个点、面、体,从而实现资源的共享。因此,网络在人类生活中有着十分重要的作用。目前,网络的发展非常迅速,人们的生活几乎离不开网络这一媒体工具。网络技术与高校英语跨文化交际教学结合的意义如下所述。

第六章 网络视角下的高校英语跨文化交际法教学研究

一、提高教学质量

网络技术的应用极大地提高了英语教学质量。具体来说,英语教学质量的提高表现在英语教学过程中真正实现了英语教学目标,促进了学生的德、智、体、美等多方面的发展。网络技术在英语教学过程中的应用对于学生多方面素质的发展均有一定促进作用,学习过程中学生的各项知识与技能不断得到提高,手、眼、耳、鼻、口各个感官共同应用到英语学习过程中,还促进了学生大脑思维的发展,可实现学生的全面发展。网络技术对英语教学质量提高的促进作用具体分析如下。

首先,网络技术为教学提供技术支持,能为现代英语教学提供一个良好的交互环境,给学生提供更自主学习的机会,使学生更加主动地投入到学习中去,更加积极地去收集、处理、加工、反馈各种学习信息,有助于增强学习效果,促进学生主动发展、个性化发展,提高个体化英语教学品质。

其次,在新时代,网络技术与英语教学的结合无时间、空间的限制,有利于创建英语教学的大格局,能更加高效地调动各种英语教学资源,使得优质的英语教学资源得到有效整合,扩大优质的英语教学资源的受益面,进而促进英语教学质量的整体提高。

最后,现代化的英语教学强调高素质全面发展人才的培养,强调学生的发展应与社会发展相适应,现代英语教学为提高教学质量和促进英语教学为社会现代化发展服务,新的英语教学观念将会催生新的英语教学质量评估体系和评价方式,并有助于建立信息全面的大数据跟踪与检测,促进每一名学生的真正发展。

二、提高教学效率

生产技术的改革必然会促进生产效率的提高,在教育领域,技术也具有相同的提高教学效率的作用。所谓教学效率,具体是指一定时间内完成的更多教学任务,或者完成相同教学任务量使用更少的教学时间。网络技术的发展和英语教学的结合可缩短英语教学时间,能更加高效地实现教师和学生在英语教学过程中的知识输出与输入。

三、扩大教学规模

网络技术能扩大教育规模,加速英语教学的发展。从当前我国的英语教学现状来看,国家正在实施科教兴国战略,充分利用网络技术,开展各种远程教育,使更多偏远地区的学生受益,客观方面大大节省了师资、校舍和设备,并有效促进了英语教学规模的扩大。

四、更新教学观念

网络技术的创新与应用可使教师对教学过程与教学资源利用有新的思考,进而促进教学观念的更新。传统的英语教学以教师为中心,教师作为传授知识的主体,在英语教学过程中发挥着十分重要的作用,而且这种作用被放大化,整个教学都围绕教师来进行,学生只是被动地参与学习。教师是教学技术(黑板、教学教具模型)的绝对使用者,学生只是被动观看。

在英语教学观念方面,网络技术的应用为英语教学的发展提供了新思路、新思想、新办法,促进了现代教育观、现代学校观、现代人才观的形成。在现代英语教学中,网络技术在英语教学过程中得到了广泛利用,增加了师生之间的交流与沟通,实现了师生之间交互的双向教学,教师从单纯地讲授书本知识转变为利用多媒体技术进行教学设计,学习者从被动地接受知识转变为利用网络技术进行自主学习,学生能更加主动地获取知识,教师也在英语教学过程中逐渐建立起以学生为中心的观念,"应试教育"更加彻底地向"素质教育"转变。

第二节　网络视角下高校英语跨文化交际教学的原则

从"网络技术教育"应用于高校英语跨文化交际教学的形式与特点中可以看出,网络技术时代下的高校英语跨文化交际教学要比传统教学更具有优势。但是,网络技术教学手段在高校英语跨文化交际教学的应用中还需要遵循一定的原则。如果不遵循这些原则,网络技术时代下的高校英语跨文化交际教学也无法发挥出事半功倍的作用。

一、以学生为中心原则

"网络技术教育"下高校英语跨文化交际教学需要坚持以学生为中心的原则。在学习过程中,学生考虑自身的特点与实际水平,主动参与到学习中,选择与自己能力相匹配的内容。在人机交互过程中,学生能够主动地思考,并动手进行操作,从而激发学生学习的主动性与积极性。

这种以学生为中心的网络技术不仅为学生提供了自由的学习空间,还为学生提供了大量的学习内容,保证他们在学习中不断提高,获得更佳的学习效果。

二、主导式自主学习原则

以网络技术为核心的现代信息技术逐渐进入外语教育领域。这就导致以教师为中心的传统教学转向以学生为中心、以教师为主导的教学,以单纯传授知识与技能的教学转向既传授知识与技能,又注重语言运用能力与学生自主学习能力培养的教学。

也就是说,当前的高校英语跨文化交际教学应该以网络技术为依托,集合文字、图像等为一体,通过运用各种传播手段,以个性、开放的形式对高校英语跨文化交际教学的信息加以存储与加工,并进行传播,将网络技术与高校英语跨文化交际教学紧密结合,将课堂教学与网络技术学习紧密结合,以学生为中心,学生展开以教师为主导的自主学习,即为主导式自主学习。简单来说,主导式自主学习即一种有目标指向的积累性的学习方式,学生基于教师的主导,在宏观目标的调控下,从自身的需要与条件出发,制订并完成具体目标的一种学习方式,其主要表现为教师在学习中充当参与者的身份,学生将自身的独立性与主观能动性发挥出来,实现教师与学生的良性循环与有机结合。

三、多元互动教学原则

教学是人与主体之间交流情感与思想的过程。教学的效果好坏并不取决于教与学,而是取决于教与学主体间的互动结果。所谓多元互动教学,即在网络技术环境下,高校英语跨文化交际教学中教师与学生之间、学生与学生之间、教师及学生与机器之间的相互作用,是一个以促进学生主体认知重组为基础的多层次的交互活动,目的是实现意义的建构。

多元互动教学使现代的高校英语跨文化交际教学的教师、学生、教材等要素形成了立体的网络,学生置于真实的情境中,运用自身所学的知识与技能,通过对一系列的语言实践活动进行观察,并不断进行探索与试验,逐渐掌握语言知识与技能的意义。就这一层面来说,互动在语言教学中被认为是运用语言最本质的特征,是学生获取外语知识的一条必经之路。

网络技术与高校英语跨文化交际教学的整合导致原有的教学要素进行重新配置,从而产生一个具备外语教学过程的虚拟的、网络的教学环境,为多元互动教学开辟一个新的空间。

第三节　网络视角下高校英语跨文化交际教学的优化方法

一、慕课教学方法

（一）慕课教学的内涵

所谓慕课,英文是MOOCs,是"大规模在线开放课程"的简称。从维基百科中我们可以查询到,慕课指的是由参与者进行发布的课程,并且材料也可以在网络上查询到。也就是说,慕课的课程是开放的课程,慕课的课程非常宏大。简单来说,慕课的课程具有分享性,无论你处于世界的哪个角落,都可以进行学习与下载。与传统课程相比,慕课课程有图6-1所示的优势。

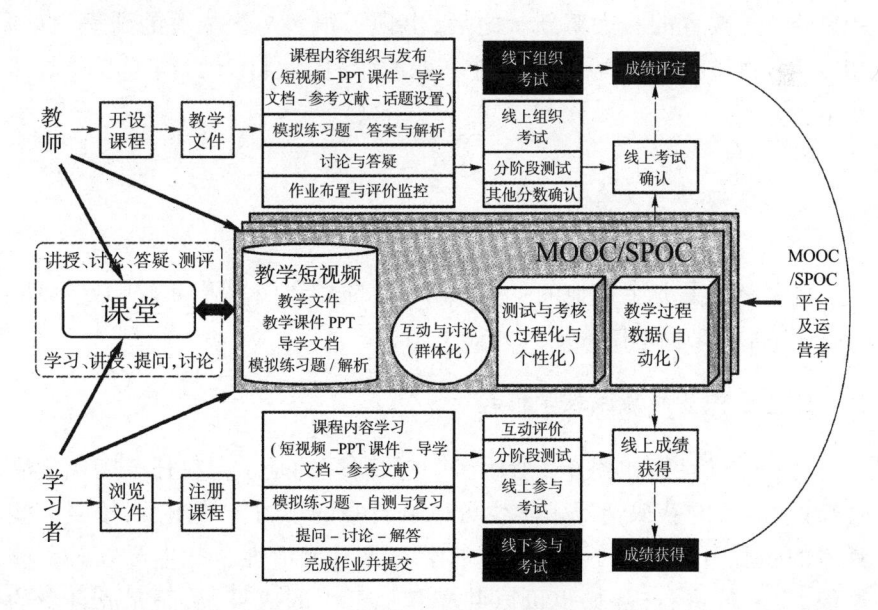

图6-1　慕课教学与传统课堂的比较

（资料来源：战德臣等,2018）

慕课既然用MOOCs表示，其可以理解为如下四个层面。

M是Massive的简称，指的是规模比较大。具体指的是两种：一是人数比较多，二是资源规模比较宏大。当然，这个"大规模"也是相对来说的。

O是Open的简称，即慕课课程的开放性，学生可以根据自己的兴趣选择学习课程，如果他们想学习，他们就可以注册、下载学习。即便一些课程是由某些盈利公司建设的，他们也可以进行下载。

O是Online的简称，即教与学的过程是通过网络实现的，如教师的线上教授、学生的线上学习、师生之间的讨论、学生作业的完成与提交、学生作业的批改等。

C是Courses的简称，即课程包含主题提纲的讲授、内容的讲解、各种学习资料的上传、作业的布置、注意事项的提醒等。

慕课这门课程与传统的互联网远程课程、函授课程、辅导专线课程不同，也与网络视频公开课不同。从目前的慕课教学来说，所有的课程、教与学进程、师生之间的互动等都可以在网络上实现，具有完整性与系统性。

慕课这一教学模式最早是在2008年出现的，但是真正流行是在2011年，是教育的一大革新。之后，出现了很多与之相关的课程，直到2012年，由于各个大学不断推进慕课教学，因此将2012年称为"慕课元年"。

（二）慕课教学的分类

著名学者蔡先金在他的《大数据时代的大学：e课程 e教学 e管理》一书中，将慕课教学模式划分为如下两类。

1. 基于任务的慕课教学模式

这一模式具体如图6-2所示，其主要研究的是学生在任务完成之后对知识、能力的获取情况。学生可以从自身的学习方式出发，按照一些具体的步骤开展教学，可见学生的学习具有灵活性。学生可以对一些录像、文本等进行观看，也可以共享其他学生的成果，从而完成自身的任务。

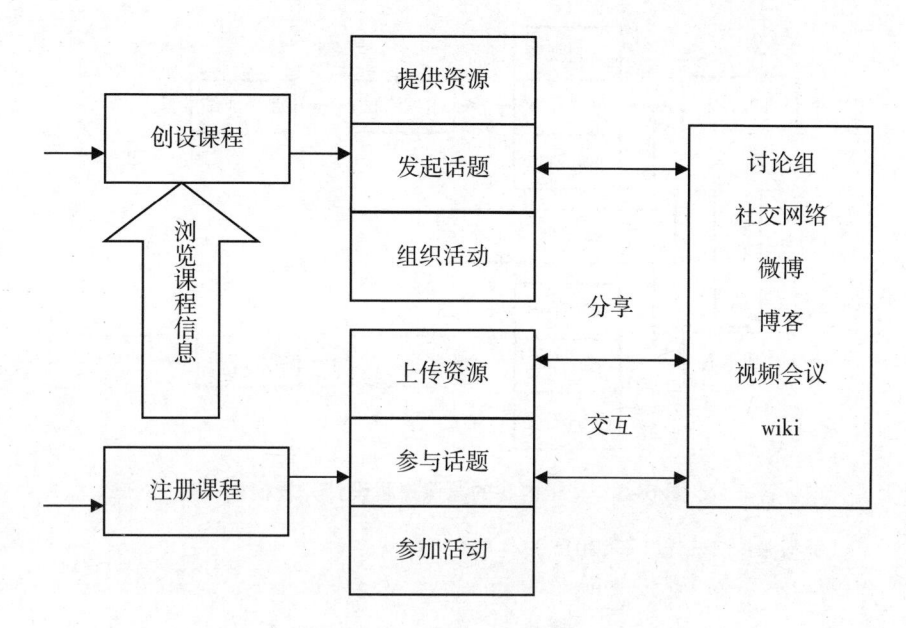

第六章　网络视角下的高校英语跨文化交际法教学研究

图 6-2　基于任务的慕课课程设计开发模式

（资料来源：蔡先金等，2015）

2.基于内容的慕课教学模式

这一模式如图 6-3 所示，主要侧重于学生对内容是否可以掌握清楚，一般会通过总结性评价、形成性评价等手段，来评估学生的学习成果。当前，其非常注重研究学习社区的相关内容。在这一模式中，很多名校视频也包含在内，并设置了专业的用于测试的平台，学生在这一平台可以免费进行学习，并可以取得相应的证书。

综合而言，上述两大模式的特征可以总结如下。

第一，慕课课程设计以及活动组织都是建立在网络这一平台基础上的。

第二，慕课课程设计不仅包含了课程资源、课程视频等内容，还容纳了学习社区等内容。

第三，慕课课程的时间一般不会太长，控制在 8～15 分钟之内最佳。

第四，慕课课程设计主要是考虑大众因素的，因此在目标设置的时候也需要从多方面考虑。

第五，慕课课程设计应保证创新性和开放性。

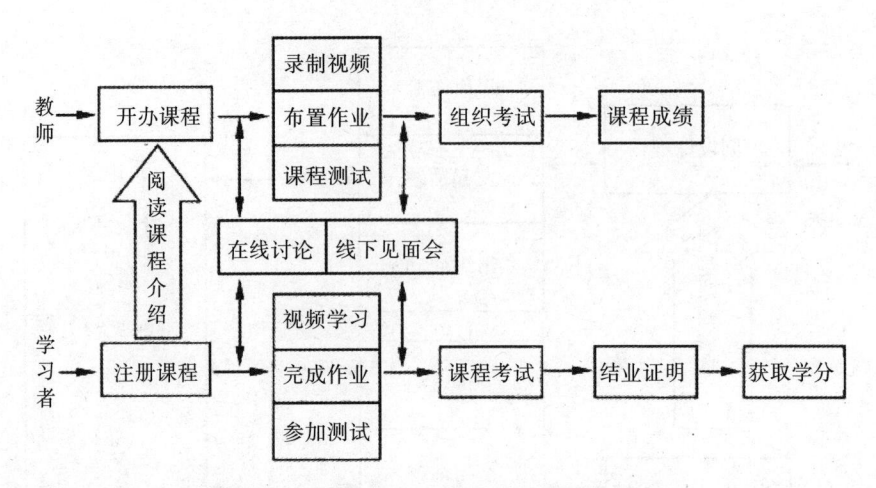

图 6-3　基于内容的慕课课程设计开发模式

（资料来源：蔡先金等，2015）

（三）高校英语跨文化交际教学中慕课的实施策略

1. 构建多层次的慕课课程

慕课教学模式冲击着传统的英语跨文化交际教学，尤其是传统的英语跨文化交际教学模式单一的情况。从师资力量上说，传统的师资力量比较薄弱，教师资源非常有限，导致很多课程的讲授都并没有针对性。但是相比之下，英语慕课教学基于学生的兴趣和积极性来设置课程，这使得学生学习英语的动力明显提升，有助于不断提升他们学习的效率与质量。

2. 采用多种教学方式展开慕课教学

虽然很多学校都要求不断进行英语跨文化交际教学改革，在上课方式上也不再是单一的手段，但是在教授方式上还是过多倾向于知识点的讲述，即便是将多媒体手段融入其中，也多是课堂讲授的辅助手段，因此只是将传统的板书形式替代成了现在的多媒体形式。相比之下，英语慕课教学模式更为多样化，学生即便不在学校内，也能够通过网络获取知识。

3.展开多渠道考核学生的慕课学习情况

在慕课教学模式下,英语跨文化交际教学中设置了多渠道的考核手段。如果仅仅是传统的笔试考试或者论文写作,那么很难将学生的实际能力检测出来。但是,在英语慕课教学模式下,可以进行个性化的考核,这样的考核可以将学生的积极性激发出来,从而开展下一阶段的学习。

二、微课教学方法

(一)微课教学的内涵

微课教学是指教师将微课的资源整合到日常课堂当中,根据学生的学习特点和学习进度,将微课资源与普通课堂相结合,从而实施教学的过程。微课教学的特点主要体现在以下几个方面。
(1)内容易懂,精力专注。
(2)集中、强化教学技能。
(3)突出自身优势,彰显个性特点。

(二)微课教学的分类

当前,在微课教学中,有几种模式是比较常见的。下面这几种模式的构成要素有着较大的差异,但是各有各的特点与使用范围,下面就对这几种模式展开详细的论述。

1.非常4+1微课资源结构模式

非常4+1微课资源结构模式主要由图6-4所示的五个要素构成。其中"1"代表微视频,而"4"代表围绕它的四个层面,便于构建微视频。这"4"个层面都是围绕"1"建构起来的,并且是与"1"相匹配的资源。

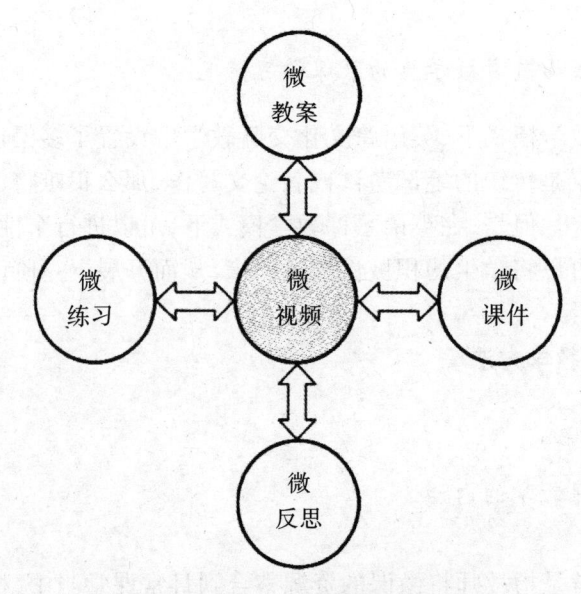

图 6-4 非常 4＋1 微课资源结构模式

（资料来源：王亚盛、丛迎九，2015）

2. 可汗学院微课教学模式

可汗学院微课教学模式（图 6-5）就比较复杂了，并且具有较高的建构成本，但是适用范围还是相对比较广泛的。在这一模式中，教学设计者、教师、学生彼此之间是相互促进的关系，当然彼此也是独立的。这一模式主要是为了完成教学的设计。

3.111 微课内容构建模式

111 微课内容构建模式（图 6-6）主要指的是对三个"1"的把握。其中第一个"1"指的是用 1 个案例引入教学情境，从而让学生对学习的价值与意义有清楚的了解；第二个"1"指的是带出一个本集需要的知识点或者概念，从而强化对知识的理解和把握；第三个"1"指的是对其进行训练，从而实现知识的内化。

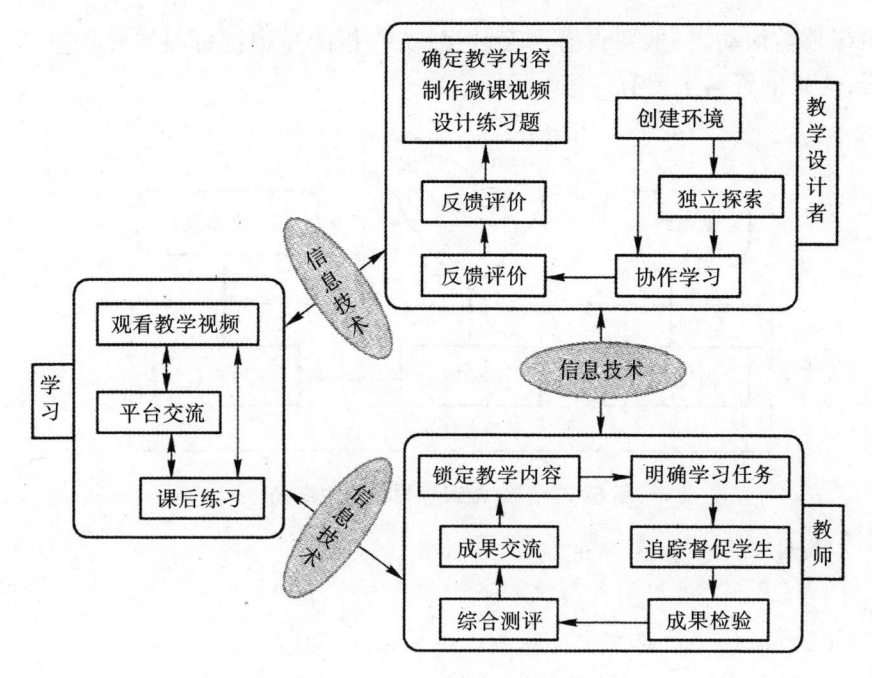

第六章 网络视角下的高校英语跨文化交际法教学研究

图6-5 可汗学院微课教学模式

（资料来源：王亚盛、丛迎九，2015）

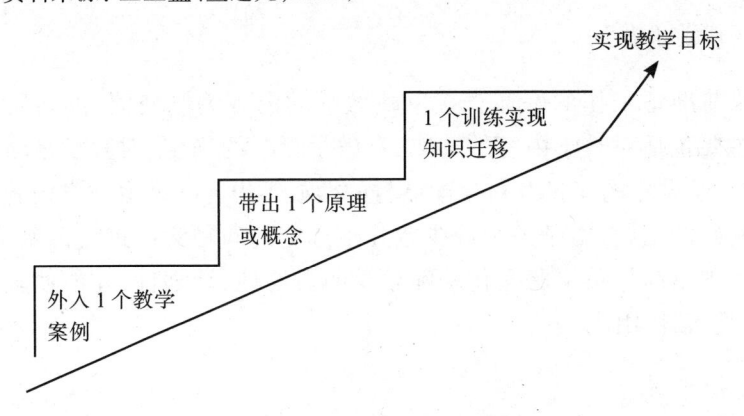

图6-6 111微课内容构建模式

（资料来源：王亚盛、丛迎九，2015）

4.1.2.3 微课程教学运作模式

1.2.3微课教学运作模式如图6-7所示，其中的"1"指的是教学活动应该将微课程视作中心，并且强调短小；"2"指的是教师要设置教案，组织教学活动,一般要设置两套教案;"3"指的是根据资料展开自主学习,这里的资料主要有三组。

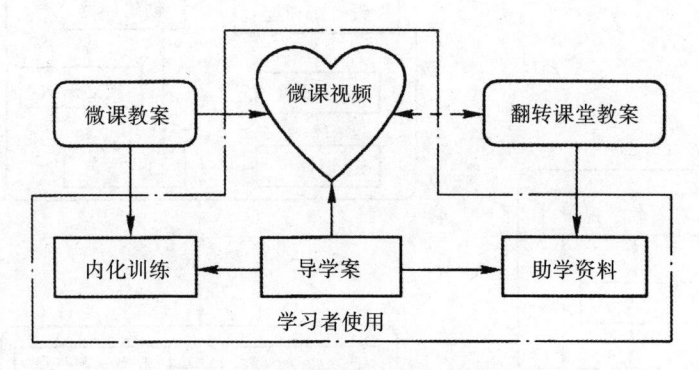

图 6-7　123 微课程教学运作模式

(资料来源:王亚盛、丛迎九,2015)

(三)高校英语跨文化交际教学中微课的实施策略

高校英语微课教学的组织与实施过程可分为以下三个阶段。

1. 课前准备

课前准备工作的好坏直接反映教师的内容编制技能,准备阶段的工作主要包括对教学内容的选取、对教学目标的确定、对教学策略的制定、对教学顺序的安排及对教学器材的摆放等内容。选取教学内容一定要有明确的主题,对某一个或少数几个选定的问题集中进行说明,这样才能体现出高校英语跨文化交际教学的目的性、计划性,才能使教学目标发挥引领作用。

2. 课中教学

(1)课程导入。微课时间较短,在有限的时间内尽可能用新颖的方法引出课题,这样才能在短时间内吸引学生的注意力,使其在接下来的时间里集中精力学习。这一环节用时较少。

(2)正式进入教学活动。教学活动是主体部分,以解决一个技术问题为主线,教师的讲解要简短精练,留出让学生自主练习的时间,教师在旁边巧妙启发、积极引导。

（3）课后小结。课堂小结是对教学内容要点的归纳及整个教学的总结。课堂小结贵在"精",要起到画龙点睛的作用,不要做不必要的总结,以免画蛇添足。

3. 课后反思

教学探究和解决问题是课后反思的基本立足点,反思的要点有两个,即教和学,通过反思来检验目标的合理性与达成情况,根据现实问题提出解决方案与改进建议。

三、翻转课堂教学方法

（一）翻转课堂教学的内涵

当前,看到的出现最早的翻转课堂模型就是图6-8所示的罗伯特·塔尔伯特(Robert Talbert)教授的模型,在"线性代数"中应用了这一模式,并且效果显著。

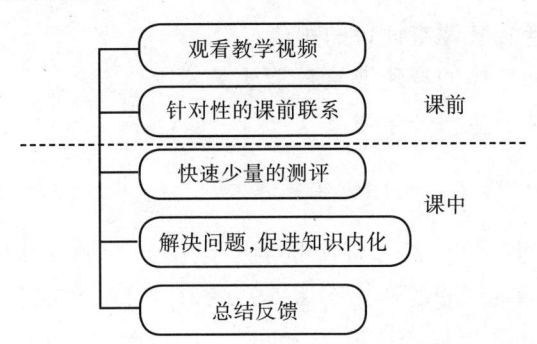

```
┌─ 观看教学视频
├─ 针对性的课前联系     课前
- - - - - - - - - - - - - - - -
├─ 快速少量的测评
├─ 解决问题,促进知识内化  课中
└─ 总结反馈
```

图6-8 罗伯特·塔尔伯特的翻转课堂教学结构图

（资料来源：孙慧敏、李晓文,2018）

这一模型为后续学者、专家进行教学模式探索提供了基本思路。那么,到底什么是翻转课堂教学模式呢？有人将其定义为一种再现课程,也有人将其定义为传统课堂顺序的颠倒,并未实质进行变动。但是,这两种观点都不准确。实际上,翻转课堂的核心在于教学视频,但是教师在其中也仍旧发挥重要的作用,因此不能将翻转课堂定义为一种再现课程。在传统的课堂中,教师充当知识的灌输者,但是翻转课堂是将知识传授予以提前,而将课后需要练习的内容转移到课堂之中,学生与教师或者其他学生在课堂上可以进行探讨。这种颠倒实际上是为了让学生对知识进行内化,这才是翻转课堂的内涵所在。

(二)高校英语跨文化交际教学中翻转课堂的实施策略

1. 设计英语跨文化交际教学过程

美国创新学习研究所(Innovative Learning Institute,ILI)提出了翻转课堂设计流程。具体而言,翻转课堂的设计过程主要包括如下几个层面。

第一,对课外学习目标进行确定。
第二,选择翻转课堂的具体内容。
第三,选择翻转课堂传递的手段。
第四,准备翻转课堂教学的资源。
第五,对课内学习目标加以确立。
第六,选择翻转课堂评价的手段。
第七,设计具体的翻转课堂教学活动。
第八,辅导学生展开学习。

2. 开发英语跨文化交际教学资源

从广义层面来说,教学资源指的是用于教学的材料以及相关的人力、物力、设施等,即能够帮助个体展开学习的任何东西。随着科技的进步,信息化教学资源呈现出来,指的是在信息技术环境下,为了实现教学的目的而出现的各种教学资源,如人力资源、信息资源等。

随着信息化资源的不断丰富和在教学中的不断应用,人们逐渐提出了翻转课堂的教学理念,从上述翻转课堂的过程可知,要想实现翻转课堂,需要具备一些基本的教学资源,如教学视频、阶段训练、学习任务单等。

当然,要想实现翻转课堂,除了需要具备上述一些资源外,还需要考虑借助一些软件工具,这类资源贯穿于翻转课堂教学的全过程。这些软件的作用在于帮助教师设计教学视频,帮助师生展开协作交流,展示学生的学习成果等。

第六章　网络视角下的高校英语跨文化交际法教学研究

由于翻转课堂教学模式强调课内与课外相结合,主张学生自主学习与课堂展示、讨论相结合,教师需要提前准备充足的教学资源,包括与课程内容有关的微课、慕课资源以及大量相关的网络语言素材(如视频和音频)。跨文化交际课程涵盖的内容,不仅仅局限于语言知识的积累和准确性等方面,而且包括历史、人文、艺术、节日等诸多方面的内容。许多语言素材可以通过搜索时事新闻、观看原文电影、阅读原文资料等方式获取。为了确保整个教学过程的完整性和有效性,翻转课堂教学模式在英语文化教学中的应用主要包括以下几个方面。

(1)学习单

为了让学生逐步适应自主学习的模式,教师可以根据实际教学内容设计一套可供学生参考的学习单,引导学生按照教学大纲和教学目的进行有意义的自主学习。在学习单中,列出本单元所涉及的教学内容、学生需要提前完成的自学内容、相关的语言学习材料目录、相关的文化积累材料目录,通过完成学习单上的内容,学生对"我知道什么?我想学什么?我发现了什么?"有所了解,逐步实现自主学习过程的构建,为课堂教学活动奠定必要的信息积累基础。

(2)课外自主学习

教师事先将所有教学内容分解成若干个阶段性、模块性的学习目标,将制作好的短小精悍的不超过10分钟的微课材料上传到网络平台,并指导学生制订出相应的学习计划。学生既可以利用学校的网络自主学习平台,也可以自主在家完成学习任务。在学习内容的选择方面,学生应根据自身的文化背景知识积累情况以及语言水平等进行适当的选择,既要符合自己的实际需要,也要满足吸收新知识的需求,还要达到通过语言和文化知识的吸收和消化,将新知识转化成已知信息,最终在特定情景下与他人交流和分享,并能够使用目标语进行有效的交际。

(3)课内展示、谈论

在学生已经完成自主学习的前提下,教师可以将原本是教师主讲、学生听讲的课堂翻转成教师指导、学生展示学习成果、相互交流学习成果和经验的课堂教学模式。教师不再是课堂教学的主体,身份也由知识传授者转变为知识反馈过程中的指导者、支持者和评价者。学生的身份也从听讲者、被动的知识接受者转变为主动内容设计者、活动参与者。

课堂教学内容和形式应该是多元化的,既可以给学生提供机会展示自主语言学习、文化知识积累的成果,展示通过自主学习微课程和了解西方国家的文化背景知识而总结出的中西方文化冲突、文化比较等内容;也可以为学生提供交流互动平台,组织各种形式的课堂对话活动(如访谈、辩论、讨论、总结、模仿等),相互探讨、补充对西方文化的深层了解以及使用目标语进行有效交流的经验和体会等。

(4)评价体系

翻转课堂教学模式不同于传统的教学模式,英语文化教学课程也不同于普通的语言知识课程。翻转课堂式教学模式需要大量的微课程和慕课等资源以及学生较高的自主学习能力支持;跨文化交际课程不是单纯的语言知识传递,而是在学生完成一定量的文化知识积累之后进行的文化对比和文化交际。

将翻转课堂教学模式融入英语文化教学课程,需要学生自主、自觉地完成文化知识积累,再经过翻转课堂上的展示与交流,将自主的信息输入转化为适当、有效的信息输出。其中,自主学习过程、学习效果、课堂活动参与程度等都需要一套完善的评价体系。

评价体系主要是针对学生的自主学习过程以及学习效果,通过跟踪统计、各种测试手段、成果展示、信息反馈等方式,让教师和学生共同对学生的自主学习具体进展情况有所了解,同时能逐渐培养学生的自觉性,让学生从适应到养成自行构建学习过程、对整个学习过程负责的好习惯。评价体系还可以让教师实时了解学生在自主学习过程中的问题,为教师以后改进教学设计提供第一手的参考信息。

3. 英语文化翻转课堂教学模式设计

在新媒体条件下,提出以学生为中心、以教学目标为驱动的英语文化翻转课堂教学模式。教学活动以预定的教学总目标为起点,指导并推动四个教学环节的进行,逐一实现各个环节,再达成最初的总目标。循环过程也是学生学习能量转化的过程,最后转化为能力,实现目标。四个环节依次为课前阶段、第一次课上、课后阶段以及第二次课上,流程之间表明语言文化在翻转课堂过程中得到持续吸收与深化。学生是循环围绕的核心,也是整体教学流程的中心,翻转课堂里的跨文化外语教学以学生为中心,教学过程以学生为本;教师尊重学生的学习方式,引导他们有效学习,培养优秀的学习能力和全面的语言人文素质。

基于翻转课堂的英语文化教学总循环流程包含四个基础教学板块,每一板块的教学设计包括组织形式、内容目标、评估方式等。

第六章　网络视角下的高校英语跨文化交际法教学研究

（1）课前阶段

以个性化的自主学习形式来进行基础信息导入、平台提问、自我评估。师生先明确这一单元的主题以及切题的教学总目标。总目标包含了提高语言能力和人文素质的培养，从这两个方面来驱动四个教学环节的进展。教师将预制板块内容传至网络平台，包括围绕主题的语言知识技能、文化常识等；语言方面可以是PPT的词汇与修辞写作技巧演示，文化方面可以有相关的影视广告等多模态材料。学生独立完成基础知识的学习后，应通过平台向教师反馈疑问，作为教师充分备课的参考项；同时需要自我评估和测试，测评类型包括在线互动评估、游戏化的闯关环节来激活头脑里的语言文化知识库存等形式。

这一环节主要提高学生的自学能力、鼓励解决问题的能力，帮助学生找到适合自己的个性化有效学习习惯。

（2）第一次课上

通过多维互动的课堂活动引导学生对语言文化知识的吸收内化，同时由教师对学生进行课堂表现评价。这一教学板块维度上由两部分构成：语言知识和技能运用、社会人文主题探究。两者有机融合，以单元主题为线索，以学生为中心开展课堂活动。教师在这一过程中是组织者、协调者，带领整个班级展开语言训练和文化探索，引发学生积极主动地思考，并将对课前收集的关键问题的解惑及个性化指导串联进对应的活动环节。学生是跨文化课堂的主角，运用所学语言交流探讨、协作探究加深对语言文化的理解；在此基础上能够批判地看待、理解不同文化思想和事实，并将升级的认知运用到由问题、图片、影视、音乐、演讲、新闻、口译模拟等创设的情境里。

这一阶段的学习评估以教师的评价为主，以组员之间的互相评分为辅。在课堂第二语言氛围里，学生进行关联主题的视听说、读写、口笔译等语言应用练习的同时，潜移默化地提高了自身的跨文化交际能力，完成了有效交际和深度学习。

（3）课后阶段

以合作学习形式围绕主题进行实践与拓展，把相关成果大纲提交给教师，组员之间进行互评。延拓形式包括扩展阅读、PPT演讲展示、专题写作、跨文化交流项目、主题口笔译任务、电影配音、课文改编角色扮演等，这些语言文化实践都应与本单元的主题紧密相连。这一过程学生把习得的知识和能力应用到实际，语言文化与现实生活的结合使主动运用英语的激情与创新的火花爆发出来。这是深度学习后的实践阶段,是提升语言综合应用能力和跨文化交际能力的关键环节。合作学习的最后,学生必须总结实践拓展过程的收获及疑难点,连同将在第二次课上展示的主要内容提交给教师。据此教师可以更有针对性地做好评析和反馈准备。

这一阶段,学习小组的组员共同参与了语言实践和文化拓展过程,身临其境地了解同伴的付出,彼此监督评估、互相鼓励进步。这一过程培养了学生积极探索以及交流协作的精神。

(4)第二次课上

进行小组成果展示、小组之间效果评价和提问交流,教师对这个主题单元进行画龙点睛的总结深化。经过课后阶段的精心设计与准备,各个小组在规定的时间内用英语展示文化实践果实,小组之间可以互问或辩论以进一步深入主题。教师最大限度地拓宽学生的语言应用渠道,除延拓形式外,还可以举行报告会、辩论会、演讲比赛、诗歌朗诵会等;邀请外籍教师或留学生到场参与,从异国文化角度对学生的表现进行点评,分享风俗习惯、思维方式等,创建积极真实的跨文化课堂环境,为学生开阔思路,打开国际化视野。之后教师对单元主题的语言文化系统进行梳理、总结。成果评价是最后的环节,以组间评估为主,实行一组一票制;教师结合学生的个人表现、作为小组成员的参与程度等内容进行评价,以激励为主,以评促学。

这一过程是开放式的交流,师生之间、生生之间、中外之间的语言文化沟通能撞击出更美的智慧火花,学生的创新精神和跨文化能力也得到升华。

总之,基于翻转课堂的英语文化教学四个教学环节紧密相连,各个环节语言文化知识的内化、人文素质的培养有机结合、逐步深化。

四、混合式教学方法

(一)混合式教学的内涵

混合式教学是教学信息化发展的新阶段,它体现出信息技术从教学辅助向与教学深度融合的发展轨迹。信息技术应用于教育教学最早始于计算机辅助教学(Computer Assisted Instruction, CAI),并且衍生出

第六章 网络视角下的高校英语跨文化交际法教学研究

了计算机辅助学习(Computer Assisted Learning, CAL)、计算机辅助训练(Computer Assisted Training, CAT)等概念,直到之后信息化时代的网络教学平台(E-Learning)等,这些教学应用的特点都是从属于已有的教学流程,在教学过程中所起的更多是辅助、补充和支持作用。

当前从教学角度而言的混合式教学,使信息技术在教学中发挥的作用不再仅仅是工具或支撑平台,而是对教学思维、教学元素以及完整教学流程的重构。因此,混合式教学对于教学系统设计中的信息技术环境和条件、教学参与者的信息技术素养、教学管理的信息化水平都提出了更高的要求。

(二)高校英语跨文化交际教学中混合式的实施策略

1. 课前准备

在混合式英语跨文化交际教学中,教师在展开授课之前,要从教学内容、学生实际学习情况出发,对课程资源进行整合,并考虑实际的情况,设计具体的教学任务,从而培养学生的自主学习能力。例如,通过"朗文交互学习平台""新理念外语网络教学平台"等,教师可以将与教材相关的学习目标、学习计划、学习主题等预习任务发送给学生,学生从自身的能力出发,通过各种形式完成预习任务,从而不断提升自身的自主学习能力。同时,在混合式教学中,学生与教师或者其他同学之间还可以进行互动,如果遇到问题,学生也可以向教师或者其他学生寻求帮助。

2. 课堂讲授

混合式教学实际上是线上线下混合式教学,其中的线下即课堂讲授,这一阶段主要通过课堂与自主学习平台的融合,展开多媒体辅助教学。首先,教师要对学生的预习情况进行检查,并指出学生在预习过程中存在的问题。其次,教师运用多媒体对教学内容进行丰富,提出一些具体的问题,让学生进行思考。再次,教师从实际情况出发,设计相应的学习任务,让生生之间进行探讨,或者通过一些角色扮演的形式,调动学生的参与积极性。最后,教师让学生进行反思,或者进行自评、互评,对自己的学习内容加以总结,激发他们的探究精神。

3. 课后补充

在课后,教师通过混合式教学对学习资料进行补充,拓宽学生的视野,加深学生对知识的掌握情况。当然,学生也可以在网上寻找一些复习材料,从而使自己的学习效果更优化。

五、多模态教学方法

（一）多模态教学的内涵

所谓模态,即交流的渠道与媒介,是一种囊括语言、图像、技术、音乐等符号的系统。多模态教学模式建立在多模态话语分析理论的基础上。20世纪90年代,西方学者提出了多模态话语理论。这一理论指出,语言属于一种社会符号,音乐、绘画等非语言符号对语言意义的生成起着重要的影响作用。各种语言符号与非语言符号模态之间是相互独立、相互影响的关系,共同生成语言意义。

作为一项教学理论,多模态教学包含多个层面,如声音、图像、视觉等。根据这一理论,语言的输入与输出都会受到多种符号模态的影响,因此在英语跨文化交际教学中,可以将多种符号模态加以融合,并考虑图像、音乐等形式,丰富英语课堂教学,将学生的兴趣激发出来。

教师采用多模态教学,可以结合网络手段,为学生创设各种情境,这样学生才能在学习中体会到快乐,促进学生英语语言技能的进步与发展。

（二）多模态教学的原则

1. 坚持"学生中心"这一核心原则

在大学英语多模态教学中,"学生中心"是最为核心的原则。所谓"学生中心",即做到以学生为中心,发挥学生的主体性与能动性。在大学英语多模态教学中,学生是学习的主体。要想实现"教学相长",就必须将学生作为中心来促进教师的教学,让教师对学生的学习进行指导。在教学的内容上,教师需要将学生的积极性与主动性调动起来,学生可以根

第六章 网络视角下的高校英语跨文化交际法教学研究

据自身能力、自身认知等层面的具体情况,结合教师的指导,对自己的学习策略进行调控,从而与教师的教授形成良性的互动。

2. 建立以对话为主的格局

教师与学生之间的对话是基于网络技术建构起来的,大学英语多模态教学模式要建立在以对话为主的格局之下,这是其内核。具体来说,教师教学的效率、学生学习的能力、学生国际素养的培养,都与师生之间的良性对话有着密切的关系。其中,通过网络资源优势,为学生设计与他们相符合的互动活动,引导学生展开多元层次的互动,构建传统教学与网络教学结合的新型模式,是教师值得关注的方面。当前,最关键的层面在于不断更新与变革教师的教学理念,如果不变更这一点,那么无疑就是"穿新鞋,走老路"。

3. 以跨学科为视角,坚持多元创新原则

在网络时代背景下,大学英语多模态教学要从跨学科的角度出发,采用多元的教学手段与模式,将学生的学习潜能充分地调动起来,积累学生的知识储备,便于他们形成良好的语言能力与国际文化素养。多元化与单一化是相对的概念,多元化主要是基于不同学生的个性特点、学习特点提出的,在多元化过程中,人的大脑会受到各种刺激,逐渐构筑自己的知识结构。由于这些认识并不是来自某一个事物,而是来自不同的事物,导致人与人的知识结构也出现了差异性。因此,在了解学生具备多元智能维度的基础上,从新的技术手段出发,通过多元教学方式提供给学生多元化的刺激,从而让学生对大学英语学习有新的认知。

(三)高校英语跨文化交际教学中多模态的实施策略

1. 充分利用多媒体资源展开多模态教学

在英语跨文化交际教学中引入多媒体技术,是英语跨文化交际教学的一种变革手段。多模态教学强调调动学生的多项感官,从而满足英语跨文化交际教学的要求。多媒体课件正是这样的一种实现手段,其将文字、音频、视频等集合起来,便于调动学生的多种感官。当然,教师在制作多媒体课件的时候,需要进行多种准备,需要考虑不同的教学任务,对各种资料进行搜集与设计。

2. 建设多模态化英语网络空间

随着网络技术不断进步,大数据技术也不断革新,我们的校园网、校园论坛更加丰富,也被人们逐渐应用到教学中。所谓网络空间教学,即教师通过网络平台与学生展开交流与互动。他们可以在网络上进行实名认证,有助于师生之间展开交流。

2015年,河南牧业经济学院创建了网络教学平台系统,这一系统是在Sakai教学平台的基础上研发的远程教学系统,该系统采用"引领式在线学习"的理念,通过论坛、课程空间等形式,在教师、学生、学习资源之间构建了一个交互渠道,调动了学生的多种感官,激发了学生学习的积极性,从而实现了多模态教学。

当进行英语网络空间教学之后,教师与学生之间可以突破时间、地点的障碍,他们可以在线进行问答,展开互动,这样不仅便于教师了解学生的学习情况,也能增进彼此之间的关系。

通过网络空间,教师也可以对学生的作业进行批改。学生按照固定的时间提交自己的作业,然后教师进行批改与反馈,这不仅可以节约用纸,还可以让师生进行互动。

需要指明的是,网络空间要想发挥出应有的作用,首先必须让学生积极参与其中,学生需要登录上去完成学习和作业,教师要实时进行分析和阅读,从而评估学生的学习情况。

第七章 基于跨文化交际法的高校英语教师专业素养提升

在社会的改革与发展过程中,教师的作用不容忽视。只有教师自身的专业水平得到提升,才能培育好社会所需要的各方面人才。教师专业水平的提升离不开教师专业发展的实践。在跨文化教育成为英语教学中一种必然趋势的今天,对英语教师进行探讨尤为重要,因为教师是教育的实施者。跨文化教育视域下,英语教学的目标是培养学习者的跨文化交际能力,这就使得对英语教师的要求也有了相应的转变。本章主要分析基于跨文化交际法的高校英语教师专业素养提升。

第一节 高校英语教师专业素养及其提升的理论依据

一、高校英语教师的专业素质

(一)专业道德素质

英语教师专业道德包含着对英语教师各项标准的要求,是英语教师各种素质的综合表现,是英语教师专业发展的内在要求。相对于英语教师的职业道德来说,英语教师的专业道德更强调专业性与主体性。

1. 专业精神

英语教师在教育教学活动中的价值取向和追求即为其专业精神。英语教师的专业精神直接影响着自身的行为及其结果。为此,它要求英语教师具备高度的教育责任感,将教育作为自己神圣的职责;精益求精的工作态度;甘为人梯的服务精神;清晰有效的反思意识,不断实现自我超越;拥有坚定不移的专业信念。

2. 道德品质

道德品质主要包括以下几个方面。第一,爱岗敬业,奉献社会。第二,热爱学生,教书育人。第三,求知创新,严谨治学。第四,团结协作,关心集体。第五,以身作则,为人师表。

3. 专业自律

英语教师要表现出一定的"角色敬畏"。英语教师的角色意味着其所承担的道德责任和义务,而通过"角色敬畏",使英语教师在教育教学活动中"有所为有所不为",体现道德责任感和道德使命感。英语教师的专业自律还要求其体现一定的"教育良心",使高校英语教师对自己的教育教学行为进行自主控制与调节。

(二)专业能力素质

英语教师专业能力指的是英语教师在专业实践中以教学能力培养为内容,以专业能力发展为起点。经过专业意识及生成能力和专业调试能力的积累,从而使新专业能力结构不断生成、扩张和发展的螺旋式提升过程。为此,英语教师要不断提高自己的专业教学能力和专业实践能力,实现以下方面的发展。

第一,具备敏锐细致的观察力。通过观察更好地把握学生的心态,对学生做出更加客观判断,从而能够进行有针对性的教学。

第二,准确清晰的记忆力。不仅对有关教育教学的知识有良好的记忆,对全班学生的各种情况也要有准确的记忆。

第三,具备多方位立体思维能力。对事物能够进行客观的分析、综合、抽象和概括,提高自身思维的独立性、广阔性、准确性和创造性等,以全方位、多层次、多渠道地对学生进行教育。

第四,具有较强的组织管理能力。以全面组织管理教育班级学生的任务,具备民主、高效、开放的工作作风,促进学生特长和个性的发展,培养学生的主体性意识。

第五,具备一定的语言表达能力。英语教师只有具备良好的语言表达能力,讲究说话的逻辑性、规范性和情感性等,才能对学生进行思想品德教育和行为教育等。

第六,具备一定的自我调控能力,使自身保持良好的情绪心理状态,用理智支配自己的情感,做到语言、行为合情理、有分寸。

第七,具备灵活应变的教育能力。英语教师在教育过程中遇到突如其来的偶发情况,要能够正确、迅速、敏捷地进行判断和恰当处理,从而取得良好的教育效果。

第八,具备一定的交往协调能力,英语教师要做好与学校、家长和学生的协同工作,使课堂教学内外与校内外教育影响的方向和步调保持一致。

第九,具备一定的教育科研能力,这是英语教师的必备能力素质之一。英语教师要在教育管理工作中有意识地开展调查研究,总结、积累教学经验和资料,进行教育管理实验探索,坚持进行教育科研,以提高自己的科研能力。

第十,具备较强的创造能力。英语教师在借鉴前人发展先进经验的基础上,大胆进行工作方法改进,从中发现新的规律、新的观点和具有创造性的教育教学方法。

(三)专业心理素质

英语教师专业心理指的是英语教师在教育教学实践中生成和积淀的、与学生身心发展状况有密切关系的、影响教育教学效果的心理素质的有机统一体。优秀的心理素质有利于英语教师调动和发挥自身的积极性,激发学生的主观能动性,以取得良好的教育教学效果。为此,高校英语教师要促进自身以下几方面专业心理的发展。

第一,发展自身的专业心理素质,包括良好的职业道德心理素质、教学心理素质、辅导心理素质。

第二,发展自身的人格心理素质,包括端正自身的需要与动机、培养良好的性格、提高自我调控能力等。

第三,发展自身的文化心理素质,要善于运用一定的方法和策略学习新知识和新技能,通过学习提高自身的实践创新能力。英语教师还要努力提高自身的文化素质,完善自身的个性和人格心理品质。

第四,发展自身的社会心理素质,认识到自身角色的多样性,学习掌握各种社会角色期待和角色情境判断,提高扮演多重角色的社会心理素质;建立良好的人际关系,具备良好的交往心理素质;提高自身在教育教学活动中的计划、决策、组织、指挥、监督、调控等方面的素质与能力。

(四)专业人格素质

一个人的人格能够很客观地反映出其整体心理面貌。英语教师的人格形象能够体现出英语教师在教育教学活动中的整体心理面貌和心理特征。具体来说,英语教师的专业人格包括英语教师对学生的态度以及英语教师自身的气质、兴趣等方面。英语教师要实现其自身的专业发展,就应该形成英语教师的专业人格,为专业的发展奠定良好的心理基础。

19世纪的俄国教育家乌申斯基认为,在教育事业中,教学工作应该以英语教师的人格为根据,任何规章制度、任何机构设施,无论其设计和安排如何完善,都不可能代替英语教师人格形象,只有通过英语教师的专业人格才能获得教育的力量源泉。

苏联著名教育家苏霍姆林斯基认为,从本质上来说,教育教学过程就是师生之间在心智和情感方面的沟通和交流过程。教育是人与人心灵上最微妙的相互接触。学生会因为英语教师的人格形象来对英语教师进行判断。

理想英语教师的人格应该符合善于理解学生、和蔼可亲、真诚质朴、开朗乐观、公平正直、宽容大度、兴趣广泛、意志力强、诙谐幽默等方面的要求。高校英语教师专业人格的建构,是在教育教学过程中逐步形成的。英语教师在长期的教育实践中,通过对教育、对学生、对自我的深切感悟理解,对职业道德和教育理想自觉追求的内化,可以使自身的英语教师专业人格逐步达到成熟。

第七章　基于跨文化交际法的高校英语教师专业素养提升

（五）专业思想素质

从客观角度来说，专业思想是判定一个人是否属于一个专业人员的重要依据，也是现代英语教师与以往英语教师相区别的显著标志。所谓英语教师的专业思想，就是指英语教师在理解教育相关知识的基础上所形成的教育教学思想。英语教师在教育教学工作中，要做到以专业思想作为行动的世界观与方法论。英语教师的专业思想为其专业发展提供了理性支点和精神内核，对于英语教师成长为一个教育教学专业工作者有着重要的影响。

客观来说，教育专业思想是动态发展的，是不断演变的。因此，每一位英语教师都必须不断地总结教育教学实践，以此形成符合自身发展特点的、体现个人风格的教育专业理念、专业思想。在不断发展变化的现代社会中，英语教师应该树立终身学习的观念，促进自身专业思想与时代的发展要求相接轨。

二、高校英语教师专业素养提升的现状

我国高校英语教师专业发展虽然得到了一定程度的提升，但是面临英语教学改革的推进，他们的素质与能力已经很难适应当前经济发展对高素质英语人才的需求。因此，当前高校英语教师专业发展面临着严峻的挑战。

（一）培养目标不明晰

社会对英语教师职业的需求是随着时代的发展而不断变化的，英语教师的培养目标和模式应该随着社会不断变化的需求而有所调整，因为原有的培养目标和方式无法满足现实的需要。目前来看，我国开设教育专业的高等院校在英语教师培养方面存在培养目标模糊、培养方案落后的现状，人才培养的理论与实践体系之间缺乏密切的联系。高校缺乏根据时代需要和社会需求而完善英语教师人才培养方案的意识与行动，导致人才培养目标与现实需要不符，缺乏时代性。

（二）课程设置不合理

高校教育专业的课程设置及专业教学质量直接决定着英语教师人才的培养质量。现阶段，部分高校的教育专业在课程设置上存在以下两个方面的问题。

第一，公共必修课程与专业课程的课时分配不够协调，各自所占的比例不合理。主要问题是公共课程的课时占了一定的比例，导致专业课程的课时不足，难以完成专业教学任务。一些学校为了完成预期的人才培养方案，对专业课程进行删减，从而对人才培养质量造成了影响，导致培养出来的英语教师缺乏良好的专业素养。

第二，高校教育专业的课程看似丰富、全面，但细分发现这些课程中有些内容是重复的，这势必会影响人才培养的效率和最终的质量。

（三）培养模式及观念落后

当今社会需要的是个性化人才、全面型人才、多元化人才，这是高校在师资培养中制定培养方案以及不断完善培养方案的重要依据。这要求高校不断更新人才培养观念，根据现实需要对培养方案进行调整，构建新的人才培养模式，从而培养出能够在教学中真正发挥作用和做出成绩的优秀师资人才。

目前来看，一些高校在培养师资人才方面缺乏先进的理念，如在课程设置中以专业理论课程为主，忽视了岗位实践的重要性。此外，人才培养模式也较为落后，如培养方式单一、培养内容片面、忽视了对实践能力以及创新能力的培养等。

第二节　基于跨文化交际法的高校英语教师的角色定位

一、英语学习的指导者和促进者

在新形势下,学生的学习方式发生了改变,从传统的接受学习转向自主学习、探究学习,这就需要教师也转变自身的角色,从知识的传授者转向学生学习的指导者,这是教师角色转变的跨越。也就是说,过去教师仅作为知识传授者的身份,是知识的唯一拥有者;现在,学生可以从多个渠道获取知识,因此教师不再是单独的知识拥有者,这就要求他们转变角色来促进学生的学习,具体要做到如下几点:辅助学生对学习目标进行确定,并分析如何达成目标;辅助学生养成良好的学习习惯,对学习策略进行把握;为学生创设良好的学习环境,激发学生的学习动机与积极性;服务于学生的学习;为学生营造宽容、和谐的学习氛围;与学生一起探索真理,并承认自己存在的一些失误。

随着科技的迅猛发展,知识增长的速度越来越快,学生在校期间学得的知识随着时间的推移很可能已经过时了,人们在大学阶段也不可能掌握所有的知识,因此需要不断进行终身学习,这就要求教师教授学生终身学习的能力,让他们学会自主学习。

二、英语学习的帮助者与协调者

高校英语教师应该充当学生英语学习协调者的角色,调整他们在语言学习中出现的社会关系与人际关系,营造出一种和谐的学习氛围,从而使学生的英语学习氛围更浓厚。一般来说,英语教师需要做到如下几点。

第一,在高校英语教学中,教师应该组织各种形式的互动交流,在交流中难免会出现争议甚至矛盾,这时候教师需要判别各方的意见,给出合理有效的评价。教师不能给学生一种亲疏有别的感觉,而是以一种平等的姿态对待学生,实现教学目标效益的最大化。

第二，在课堂上，师生之间的互动、生生之间的互动过程都需要协调，减少学生英语学习中出现的焦虑情绪，使学生处于良好的学习氛围中，轻松地发挥他们学习的想象力。

第三，高校英语教师作为协调者，其中不免需要为学生解决一些实际问题，当学生分组展开讨论时，教师应该适当给予一些帮助，避免学生出现挫败感而放弃英语学习。例如，学生在单词学习、篇章理解上出现困难时，教师应该给予学生词汇学习技巧、篇章理解技巧等方面的指导，应该充分地利用有限的时间，协调好知识传授与策略传授的关系，鼓励学生探索出一条适合自己的学习策略。

三、英语教学资源的查询者和设计者

教学资源涉及教师、学生、教学媒介、教学内容等层面，是一个复杂的系统。要想提升教学的效果，就必须从教学设计原理出发，科学地设计教学资源与过程。当前，教师应该学会运用信息技术手段，为学生创设良好的学习情境，使自身从知识传授者的角色转向教学信息的制作、加工与处理的角色。为了让学生能够主动探索与建构意义，教师在教学中应该为学生提供各种学习资源，而要想设计这些信息资源，就需要教师自身的信息素养，即将技术与教学资源紧密融合。另外，教师还要学会运用教学课件，包括制作网络课件脚本，帮助教育技术人员制作课件，对教学信息加以浏览下载等，从而帮助学生展开自主学习。

第三节 基于跨文化交际法的高校英语教师的素质要求

随着跨文化教育的发展，大学英语教师面临着各方面的新挑战。对于每一位优秀的大学英语教师而言，不仅需要重视教学工作的每一个过程，同时还要时刻注意提高自己的各方面素质，概括来说包括教学素质、职业素质、科研素质与信息素质等方面。

第七章　基于跨文化交际法的高校英语教师专业素养提升

一、教学素质

（一）精湛的专业水准和知识储备

在跨文化交际背景下，大学英语教师首先需要具备较高的知识水平，这是展开英语教学的关键。在新时期，教师最重要的业务素质包括口语表达能力与写作能力。这是因为，如果教师表达不清晰，那么很难与学生沟通。除此之外，教师还需要提升自身的批判性思维能力，对不同文化进行对比与吸收，从而帮助学生找到英语学习的乐趣。

另外，教师还需要具备较高的知识储备。教师与学生处于同一起点，如果教师的知识储备不足，那么很难引领学生持续有效地学习。

（二）丰富的教学方法

在跨文化交际背景下，大学英语教师的角色应转变成教学的设计者与学生的协作者。也就是说，师生之间互助合作，学生操控学习任务，那么教师就必须掌握不同的教学方法。

在新的时期，教师不能仅仅是口述教学，还应该采用多种教学方法。例如，教师可以借助多媒体网络，将课堂、自学等形式相结合，随时对学生的学习情况进行关注，选择与学生学习情况相符的内容与知识。

（三）创造性的教学思维

在思维领域，创造性思维是最高的形式，是有价值的思维形式。所谓创造性思维，是指运用新方式、新技术来解决问题、处理问题。创造性思维具有以下四个基本特征。

（1）多向性，包含发散性思维与聚合性思维。
（2）独特性，能够打破常规，从独特的角度来发现与解决问题。
（3）发展性，对事物的发展应该具有预见性，进而推测事物发展的趋势。
（4）综合性，通过综合和分析归纳，抓住事物的主要矛盾和矛盾的主要方面。

在跨文化交际背景下,大学英语教师需要将各种资源融合起来展开调研。这就是发挥教师独特性思维的时候,对各种信息资源予以把握,从而设计出个性的教学方法。另外,多向性思维与综合性思维要求学生能够归纳与整合,将科技最大限度地运用到教学中。发展性思维要求教师有前瞻的眼光,预测教学发展的前景。

二、职业素质

教师职业道德是作为一名教师基本的行为操守和道德品行,是教师在教学过程中调控与国家、与社会、与学生之间关系应该遵循的道德意识、道德规范、道德情操的综合。无论教学模式、教学形式如何变化,对教师的职业道德要求是永远不会改变的。在新时期的英语教学中,教师与学生之间的交流必然会遇到多种疑问和见解,因此教师需要具备过硬的品德修养,更强烈的耐心和责任心,对学生的成长加倍关注,帮助学生答疑解惑。

英语教师应该帮助学生培养自身的品质,通过不断与学生进行沟通,对学生的心理动向有清晰的了解。教师可以让学生多读一些读物,参与一些课外活动,对自己的目标有清晰地把握,这样才能保持积极的心态,投身于学习中,也能够解决学习中的一些问题。

三、科研素质

理论源于实践,而教学理论也源于具体的科研实践。科研实践是检验科研理论的基础。教育教学将理论与实践相结合,而教学实践也需要科研理论的指导,而新的科研理论产生于教学实践,二者相互促进、相互补充、共同发展。

在当前社会形势下,英语教师需要具备非凡的科研能力,首先要求教师掌握基本的研究方法,如教学实验法、问卷调查法、访谈法、文献法、个案研究法等。在具体的实施中,教师从自己的需要出发,选择与自己相符合的研究方法。另外,英语教师还需要具备信息加工、网络搜索、信息反馈等科研能力。

四、信息素质

对于英语教师所应具备的素质,陆谷孙教授提出以下几点:"语言准确、知识丰富、亲密无间、事业心强、行为模范、语言流利、综合素质、幽默感、不偏不倚、判断力、同情心、思想开朗、操纵自如、不失师尊、自我批评、兼收并蓄、思维敏捷、理想主义与现实主义等。"

综合考虑这些因素可以知晓,英语教师不仅要具备较强的专业素质、丰富的教育教学理论与实践经验,还应在人格、行为规范、情感交流等方面具有高标准的要求。

高校英语教师的信息素质是在其信息化实践知识的基础上建立起来的,要进行进一步的发展,对信息化情境有一定要求。

第四节 基于跨文化交际法的高校英语教师文化意识的培养

一、文化培训

(一)文化意识的培训方法

文化、文化差异以及英语教学的文化教学潜力是客观存在的,关键的一点是让教师意识到它们的存在,要提高教师的文化敏感性和文化教学的意识。教师来参加培训时,自带着丰富的文化体验,他们的文化参考框架经过长期、不断的建构和修改,已经成为他们个人身份和个性的一个象征。他们在日常工作和生活中,在与他人进行交流时,都会自动地、无意识地使用其文化参考框架。为了使教师意识到文化参考框架的存在和作用,以及来自不同文化环境的人们通常使用不同的文化参考框架,最有效的方法是利用文化冲撞、关键事件和反思练习等跨文化培训的方法。

（二）文化知识的培训方法

文化人类学全面而系统地阐述了文化概念和知识的学习，是英语教师获取相关文化知识的可靠来源。因此，它理应成为英语教师培训的一门必修课。具体而言，应该由来自不同领域的专家，如英语教学研究者、文化学家、跨文化交际研究者、教师培训专家等，共同完成对文化人类学研究成果的筛选和选用工作，选择那些教师需要掌握的理论和信息作为培训的内容。另外，社会学和跨文化交际学的研究成果同样是教师培训应该关注的内容。这两门学科清晰地描述了语言、文化、社会和交际之间的复杂关系。

（三）文化能力的培训方法

文化能力的培训不仅包含教师的认知心理，还囊括教师的行为、教师的情感等。对教师进行文化能力的培训是相对复杂的，文化能力的培训主要包含如下两种。

第一，跨文化交际能力培训。具体来说，主要有：给教师提供跨文化交际实践的机会，如到外国人家做客、到外企见习等；可以通过观察跨文化交际的成败案例来汲取经验，避免进入交际误区；可以通过讲座等活动，让教师不断了解跨文化的本质，弄清文化冲撞为何要产生，进而调整自身的心态。在整个培训过程中，培训者应该反复强调反思的重要性，受训者正是通过不断学习、不断体会、不断反思才能有效地增强自己的跨文化意识和跨文化交际能力。

第二，文化学习和探索能力培养。文化学习和探索能力首先是基于勇敢、敏感等情感状态的，如果对文化没有敏感性，忽视文化差异，那么必然导致文化学习障碍。面对陌生的文化环境，很多人选择逃避和退缩，而善于学习和探索的人则会勇敢地尝试和体验，积极参加各种有利于自己了解该文化群体的活动。与不同文化背景的人相处时，具备了宽容和移情这两种素质，就能有效地避免误解和冲突的发生，文化学习和探索才可能顺利完成。

二、提升教学能力

教育的问题首先考虑的是教师的问题,英语教学也不例外。高校英语教师在教学中起着指导者的角色,教师要引导学生认识学习、认识社会,教师也需要对自己进行严格的要求,逐渐使自己成为学生学习的榜样。

(一)提升自己的人格魅力

在教学中,教师的人格对教学情绪、学习效果产生直接的影响,那么教师该如何提升自身的人格魅力呢,主要在于坚持"四心"。

1. 敬业之心

第一,教师要对自己从事的职业有清晰的认识,即认识自己职业的意义,认识到教师需要付出的努力,无私奉献自己。

第二,教师需要对自己的职业忠诚。随着科技不断发展,知识更新换代快,教师应该树立终身学习的观念,不断提升自身的能力和水平。教师需要用自己的智慧吸引学生,让学生悦纳自己,以高度负责的姿态起到表率的作用。

2. 爱生之心

爱心是促进学生不断成长的法宝。在工作时,教师不仅要传授给学生基本的知识,更重要的应该是培养学生,教会学生做人。教师需要有一颗热爱学生的心,只有真正地热爱学生,教师才能正确地看待学生。在大学,非英语专业的很多学生基础比较薄弱,这就需要高校英语教师付出努力,保持工作的耐心,不能因为学生犯错就对学生置之不理,而是应该真正地爱学生,将自己的情感融入学生,这样才能与学生建立友好的关系,让学生相信自己,愿意去学习。

3. 健康之心

当前的社会节奏非常快,人际关系非常复杂,这也给教师带来了极大的影响。尤其是现代很多家长对教师的期待很高,因此教师的压力也非常大。除了这些压力,教师还会面对自身工作、生活的压力,如教师待遇、教师工作性质等。

在学校中,学生与教师接触的时间比较长,教师的行为对于学生来说有直接的影响,是学生最为权威的榜样,教师的心理是否健康、能否承受住压力对于学生来说也至关重要。对于高校学生的英语学习来说,本身比较困难,因为他们将更多的精力放在了专业课的学习上,但是一旦步入社会,英语又是不可或缺的一部分,因此面对这样的压力,很多学生心理上容易存在压力,这时教师需要从积极的方向引导学生,这就要求教师首先具有一个积极健康的心理,自身保持积极的心态面对自己的工作,让学生看到榜样的力量,学会自我调节,从而树立健康的身心意识。

4. 进取心

时代不断发展,社会不断进步,教师需要具备一颗进取心。如果一名高校英语教师仅仅有专业知识,显然不能满足当前英语教学的需要,因为高校学生步入社会之后运用到的英语知识往往和专业密切相关,属于专业英语,因此教师除了要具备渊博的英语知识外,还需要涉猎其他各个方面的知识,这样才能提升英语教学的质量和水平。

(二)扩展自己的英语学识

高校英语教师是英语知识的传播者。当今社会,知识不断更新,教师需要不断拓展自己的视野,对自己的知识结构加以完善,提升教学的质量,树立终身学习的理念,这是提升高校英语教师素质的基本要求。

1. 广博的知识

作为一名高校英语教师,他/她首先需要具备渊博的英语知识。如果教师不扩展自身的知识,在课堂上往往会表现得捉襟见肘,课堂也显得平淡无奇,无法吸引学生的兴趣。随着教学改革不断深化,科技不断进步,高校英语教师需要扩展自己的综合知识,注重知识的应用。教师只有掌握广博的英语知识,做到融会贯通,才能学会积极思考,发现问题并解决问题。

2. 先进的理念

高校英语教师具备广博的知识是他们开展教学行为的前提和基础。先进的英语教学理念是展开英语教学的灵魂。只有基于先进英语教学理念的指导,教师才能不断更新教学观念,提升英语教学的境界,为英语教学指明新的方向。在教学模式下,基于先进教学理念的指导,英语教学才能从"授业"转向"授业＋传道",提升学生的英语素质,促进学生的综合发展。

随着社会不断发展,出现了很多先进的英语教学理念,这就需要教师提升自己的敏感性,能够真正地做到与时俱进。教师需要从学生实际、专业实际出发,在教材内容的基础上融入当前的时事,这样不仅能够传授给学生基本的英语知识,还能激发学生学习的兴趣和积极性,从而获得成功。

3. 双师的素质

高校英语教学的特色在于提升学生的英语技能。当前,作为一名高校英语教师,需要具备双师素质,即教师不仅要掌握渊博的英语理论知识,还要能够运用理论知识指导实践;不仅可以从事理论教学,还可以对学生的英语学习实践进行指导。也就是说,高校英语教师只有将自身的实际工作能力与英语课程整合起来,才能将理论知识讲活,为学生的专业课学习打下基础。

为了提升教师自身的实践能力,广大教师应该参与到具体的实践中或者利用假期参与培训学习,从而提升自身的实践水平,以便于更好地指导自己的学生。同时,在学生的实际训练中,教师能够娴熟地展开讲解,从而激发学生的兴趣,使学生真正地获取英语知识与技能。

4. 科研的能力

高校英语教师还需要具备一定的科研能力。教学中如果没有科研作为底蕴,教育就如同没有灵魂一般。科研工作对于高校英语教师来说,无疑是在拓展自身的专业知识、对自己的学科结构加以丰富、提升自身的教学能力和水平。教师开展科研工作,可以让自己更加主动、自觉地思考教学中存在的问题,从而获取新知识,寻求解决问题的方式和方法。

作为高校英语教师,需要认识到科研的作用,不断提升自身的科研能力和水平,具体来说,主要培养如下五种能力。

第一,获得信息的技能。

第二,广泛地进行思考的能力。

第三,勇敢地攻克难关的能力。

第四,勇于创新的能力。

第五,将成果进行转化的能力。

(三)提高自己的英语教学能力

高校英语教师要想让自己的课堂更有魅力,应该从师生之间的交流展开。如果英语课堂中没有交流,那就称不上是真正的课堂教学。高校英语教师要想让自己的课堂更有魅力,应该多与学生之间展开对话与共享,一起发现问题、解决问题。当然,英语课堂也必须是真实有效的,拒绝花架子的课堂,其中需要融入基础知识的讲解、思维的拓展、真实的教学活动,能够用最短的时间将知识传授给学生,让学生学到知识与技能。具体来说,教师的英语教学能力主要展现为如下两个方面。

1. 个性化的教学设计

高校英语课堂教学的能力首先体现在对英语教学的设计上。所谓教学设计能力,即教师在开展英语教学之前,从英语教学目的出发,设定英语教学程序,制定英语教学方法,选择恰当的英语教学内容。当前,很多教材都包含现成的教学课件,因此很多教师并未付出辛苦在教学设计上,而往往拿现成的课件展开教学。但是,真正的教学设计要求教师能够吃透所要教授的内容。对学生的学习状态有清楚的了解,从而确定教学目标,选择恰当的方法,设计出独特的教学思路。高校英语教师进行教学设计的过程,实际上就是创造的过程,但是在进行教学设计时,要求灵活、简洁,真正做到以学生为中心,在设计时也要体现出预见性。

2. 整合性的教学能力

所谓整合性教学,即要求在教学中将学科的各个环节与要素、不同方法有机地整合在一起,使教学更具有程序性。整合性教学要求教师拥有良好的知识结构,具有程序化的教学技能,具有丰富的教学策略,能

第七章　基于跨文化交际法的高校英语教师专业素养提升

够付出较少的努力就可以完成各项教学任务,帮助学生实现英语学习。

　　高校英语课堂教学的首要任务就是激发起学生英语学习的兴趣,吸引学生的注意力。现在的高校英语课堂中存在很多低头族,并且已经成为高校中的一道靓丽风景:不管讲台上教师讲得多么用心、用力,下面的学生多数在玩手机、刷微博、看朋友圈等,他们可能忘记带教材,但是不会忘记带手机和充电宝。面对这样的高校英语课堂,教师需要对其进行有效的组织。另外,在语言上,教师应该确保表达的准确性与针对性,做到突出重点、清晰精练。教学技能也要不断提升和创新,要时时改变授课手段,延伸教学模式,创新考核手段。

第八章　基于跨文化交际法的高校英语教学评价体系建构

教学评价作为高校英语教学的一部分,需要不断改进评价手段,以适应社会发展的需求。当前,高校英语教学存在的突出问题之一就是教学评价手段不完善,因此高校英语教学应该完善教学评价体系,使教学评价更为多元化。本章主要分析基于跨文化交际教学法的高校英语教学评价体系建构。

第一节　高校英语教学中的测试与评价

一、区分评价、评估与测试

对于评价,很多人会联想到测试、评估,认为三者是同一概念。但是仔细分析可知,三者是存在一定区别的。简单来说,测试为评价、评估提供依据,评估为评价提供依据,评价是对教学效果的综合评估。三者的关系如图8-1所示。

第八章　基于跨文化交际法的高校英语教学评价体系建构

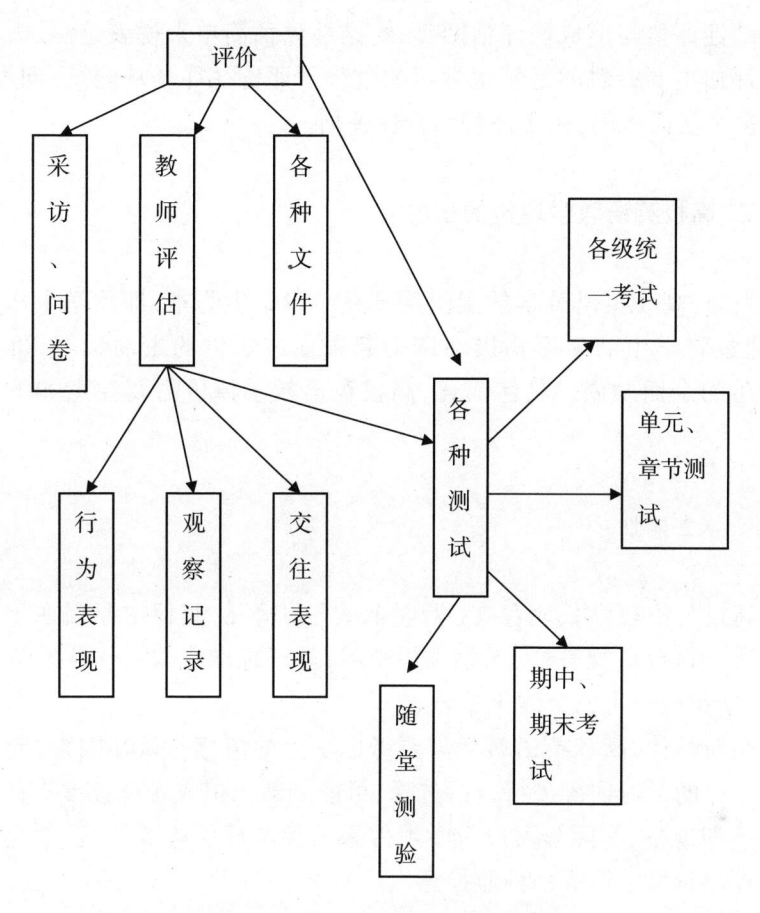

图 8-1　评价、评估与测试的关系

（资料来源：黎茂昌、潘景丽，2011）

从图8-1中可知，评价与测试、评估关系非常密切，但是也不乏区别的存在。具体来说，可以从如下两个方面理解。

就目标而言，测试主要是为了满足教师、家长的需要，便于他们弄清楚自己学生／孩子的成绩。当今社会仍旧以测试为主，并且测试也为家长、教师、学生提供了很多信息。评估主要是为教师与学生提供依据，如学生在学习中遇到什么问题、学生学习的效果如何等，便于教师提升自身的教学质量，也便于学生提升自身的学习效果。评价有助于行政部门对教学进行合理配置。显然，三者有着不同的作用。

就数据信息而言，测试主要收集的是学生试卷的信息，也是学生语言水平的反映，但是试卷无法评估学生的语言运用能力。评估可以划分为终结性评估与形成性评估两类,终结性评估简单来说就是测试,而形成性评估主要针对的是学生学习的过程。评价往往是从测试、问卷、访谈等多个层面来的,属于一种综合性评估。

二、高校英语教学评价的理念

当前,高校英语教学的主流精神在于以学生为本,即以学生作为主体,通过将学生的学习积极性调动起来促进学生的主动学习,进而推进学生的全面发展。具体而言,高校英语教学评价需要注意如下几个层面。

（一）主体性

高校英语教学长期存在"费时低效"的情况,其根本原因在于高校英语教学过分重视教授,而忽视了学习,对于标准化与一体化教学过分看重,未重视学生的个体化差异。

在新时代,高校英语教学需要考虑学生的情感与认知因素,允许学生对自己的学习内容进行自行选择,可能全部承担或者部分承担自身学习的前期准备、实际学习以及学习效果监控与评价等责任,让学生在学习与评价过程中形成一种监控意识。

（二）交互性

每一名学生都是一个完整的整体,教师与学生的工作目标是不同的,但是彼此之间也不是孤立的状态。教师和学生都是社会互动中的一部分,并且只有融入整个社会体系中,才能将各自的效能发挥出来。高校英语学习本身属于一种社会性活动,对高校英语教学模式的探索必然与教师、学生相关,并且师生之间的互动也是高校英语课程的核心。师生互动对教学活动的质量起着决定性的作用,师生之间的交互模式也对他们各自的角色起着决定性的作用。在这期间,学生从被动的听课角色转变成学习活动的计划者、对自己学习过程的调控者、对自己学习结果的评价者的身份。教师的角色也发生了改变,从之前知识的播种者转变成课堂活动的组织者、教学活动的研究者、学生学习的指导者。

（三）情感性

外语学习不仅是一个语言认知的过程，还是一个情感交流的过程。当师生围绕着教材展开教学活动的时候，教师、教材与学生之间不仅是在传递信息，还是在交流情感。高校英语教学在高等院校中被视作传承异域文化的价值观念、实践成果等的中介。在高校英语课程发展中，培养积极的情感是非常重要的。在新时代的高校英语教学改革中，情感、态度、价值观需要引起教师与其他学者的关注。学生对英语学习的情感不仅能够激发学生学习的兴趣，还能够让他们感受到英语学习的快乐，是一种丰富的内心体验过程。

三、当前高校英语教学评价的变革

在当前的大学英语教学中，评价问题一直是一个瓶颈问题。就整体而言，大学英语教学评价呈现以下几个趋势。

（一）英语形成性评价正被英语教师认识与实施

在当前的大学英语教学评价中，形成性评价占据重要层面，并在我国已经非常常见。由于受到应试教育等因素的影响，我国很多教师对于形成性评价的认识不到位。但是，随着英语教学的不断改革，形成性评价被很多教师认识并逐渐实施起来。

英语形成性评价分为测试型评价与非测试型评价两大类。很多高校开发了这两种形成性评价，从而关注学生的日常英语学习情况。当前，对于这两类评价，主要采用评价表、问卷、成长记录袋等多种形式。

（二）英语口语测试得到重视

在一些地区的英语考试中，已经增设了口语测试，更多的地区、学校已经把口语测试列为考试的一项重要内容。没有口试的英语测试是不完整的。

英语口试命题要坚持同步性、交际性、趣味性和激励性的原则。这里激励性原则非常重要。口试与笔试不同,它的评分主观性、随意性较大,要想取得绝对准确的结果是很难的。因此,在高考、中考以外的口语测试中我们不要过分强调甄别性,而要突出激励性。这就是以鼓励学生运用英语为出发点,在一定行政区域内推行的口试不强求各校之间的成绩可比性。把测试学生口语能力与考查学生的学习态度及学习潜质结合起来,使学生对口试一点也不望而生畏。通过口试调动学生的学习积极性是最大的收获,我们寻求的合理的相对准确的评分标准也会在这种和谐的气氛中得到认同。

通过人机对话实行口试,是口试数字化的一种尝试。例如,在深圳等地,英语口试就实行了人机对话。在深圳市南山区的期末考试中,引进了国外 T-Best 任务型口试软件,通过人机对话进行口试。这种口试形式的优点是时间、人力上都很经济,标准更趋接近,缺点是人文性较差。但从口试形式上,与我们原来的形式可以形成互补关系。

(三)英语考试命题改革正在全面启动

自从大学英语课程改革以来,各地对于学业考试命题都非常注重。其主要呈现了如下几个走向。

第一,将纯知识的考试比例降低。
第二,注重语言运用能力的考查。
第三,强调考试题目与实际生活紧密关联。
第四,在设计试卷的时候应该体现人文关怀。

(四)英语课堂教学评价关注点发生了改变

英语课堂教学过程是一个师生进步与发展的过程。在课堂教学评价中,过程与学生应该是两个关键词。在传统的课堂教学评价中,人们对于教师的教过分关注,注重课堂知识是否传达,甚至通过考试成绩来评判教师的课堂教学效果。但是,在课程改革下,各地开始探寻新的评价标准,甚至出台了一些基本的方案,以推进课堂教学。一般来说,在新理念下,大学英语课程评价需要注意如下几个层面。

第一,大学英语教学目标需要与课程改革三维目标相符。

第八章 基于跨文化交际法的高校英语教学评价体系建构

第二,大学英语教学方法的选择需要与学生的发展相符。
第三,大学英语教学中评价应该体现学生的主体性特点。
第四,大学英语课堂教学中是否应用了恰当的评价手段。

(五)英语教学管理的评价已经起步

目前,国内对英语教学管理的评价论述不多。已经有不少英语教研员、英语教师开始关注英语教学管理的评价问题。学校对英语教学的管理在很大程度上制约着学校英语教学水平的发展。多年来,我们只关注课堂教学评价、学业评价,而忽视了对管理者管理英语教学的方式、水平等进行评价,这是我们在讨论英语教学评价时必须面对的问题。这些年来,我们把英语教学管理评价作为英语教学评价的内容之一进行研究,并有所心得。这里所说的英语教学管理包括英语课程设置、英语校本教研、英语校本课程、英语教研组工作、英语模块教学等。例如,对英语校本课程的开设,就从课程开发的原则、开发类型与过程、课程特点及课程管理几方面进行评价。

四、高校英语教学评价的指标

(一)评价指标设计的原则

指标就是能反映评价目标某一本质属性的具体可测的行为化的评价准则。对英语课堂教学的评价指标设计必须能反映外语教育目标的本质要求。大学英语教学评价的指标设计应采取行为化测量法,即通过学生英语语言行为表现推测内在结构的思想方法。所有指标都是外显的行为,评价就是从外显行为推测其内部结构。这类评价指标设计应遵循以下几个原则。

(1)有效性原则,所设计的指标能反映目标的本质要求,目标的本质要求能在指标系统中找到。
(2)可测性原则,不能测量的不叫指标,可用经典量度。
(3)要素性原则,抓住主要因素就行了,不要面面俱到。

(二)教学评价的指标要素

1. 三定二中心

所谓"三定",指的是教师从教学材料的特点、内容出发,对本次课的达标层次位置进行设定,然后分析各个目标层次可能需要用到的时间,然后考虑课堂评价的内容,对课堂展开定性的评价与分析。

所谓"二中心",指的是课堂要以学生的活动为主体,同时教学任务主要是培养学生的能力。显然,这一原则是为了真正地适应学习,并且也为学生的学习提供了时间与空间。

2. 知识再现

受当前考试题型的影响,当前的英语教学训练主要是选择题的形式。这样做导致仅给学生提供对正确答案进行辨认的过程,是处于智慧技能的初级阶段,对比现代的英语教学来说,是相对比较落后的。因此,在课堂训练中一定要避免这种形式,从多种活动出发考虑,体现出学生以往所学的知识,并能够在具体的实践中运用。因此,在大学英语教学中,教师尽量少用或者在日常训练中不要用选择题,否则学生的训练只能获得较低的水平。

3. 全员参与

公开课上,许多英语课堂活动设计精良,但遗憾的是活动面仅局限于小部分人。在一般的英语课堂上还有相当多的教师习惯采用以个别提问为主的方式。教师的工作方式、公平态度、组织策略等都影响到学生的学习状态,过程教学要求教师既要懂得活动设计,又要善于组织活动,如能采用两两对话、两两检查、小组讨论、小组编故事或对话、全班辩论、角色扮演、信息沟通(文字和图片),效果特别明显,在5分钟内全班几十个学生同时受益。全员参与是组织课堂活动的重要策略。

4. 目标层次活动定位

各层次活动设计各有要求,设计与目标层次相适应的课堂活动体现了科学性。目标分层多指把一节课分为各目标层次,但也可把一篇课文的教学分成几个侧重的层次,即在定量时根据进度侧重某几个层次,绝不是一节课只一个层次,原则是每节课至少保证达到第三层次的要求,下节课则侧重第四层次。另外,也可采用一条主线串层次的策略。

5. 优化配置各类活动

大学英语的课堂有很多的活动,但是当前的课堂活动出现了多而乱的情况,一些本身梯度不够或者不同梯度的活动顺序出现了颠倒的情况,这就需要对课堂活动进行优化配置。要想对其进行合理的配置,需要做到如下几点。

第一,活动层次梯度应该明显。

第二,梯度要与学生的认知规律相符。

第三,让全体学生都能够参与其中。

第四,要设置多种多样的活动形式。

第五,对活动的时间进行合理的调整与反馈。

第二节　基于跨文化交际法的高校英语教学评价的内容

评价反映的是高校英语教学的目标和内容,而文化评价必然反映的是高校英语文化教学的目标和内容。当前,文化评价是高校英语文化教学中的薄弱环节,也是最难解决的问题,其主要原因有两点:一是缺乏一套与真实文化能力相关,同时又能被观察与分析的教学目的;二是传统的高校英语教学中的评价的思想和方法过于陈旧,亟待更新。基于这些问题的存在,对高校英语文化教学中评价的内容进行分析显得尤为重要。

一、文化评价内容的相关研究

文化测试和评价就应该以文化教学的目标和内容为基础,来确定测试和评价的内容。如何将文化细分成可操作的评价单位和内容,同时又不遗漏重要的文化教学内容至关重要。

(一)西利的研究

西利(1993)在修改 the Nostrands 提出的文化测试具体内容的基础上,提出了下面 7 项目标。
(1)文化行为的含义和功能。
(2)语言与社会因素的相互作用。
(3)行为习惯。
(4)词和短语的文化内涵。
(5)有关一个社会的评价性陈述。
(6)对另一个文化的研究。
(7)对其他文化的态度。

这套文化教学测试目标的优势在于它没有将文化事实和信息作为教学和测试的主要内容,而是强调文化在社会中的功能,文化与语言之间的相互作用和学习者对其他文化的态度和文化研究能力等。这些测试目标在很大程度上反映了文化教学的目的和宗旨,如果应用于测试和评价一定会对文化教学起到积极的指导意义。但是,这些目标不够具体和现实,可操作性不强。

(二)瓦莱特的研究

瓦莱特(Valette,1986)认为,文化测试的内容包括文化意识、社交礼节、文化差异、文化价值观、目的文化分析等,并针对每一项内容设计各种形式的测试。她的研究在内容涵盖面、测试方法和形式上都较为全面合理,可谓是当今文化测试的楷模。

(三)拉法叶和舒尔茨的研究

拉法叶和舒尔茨(Lafayette and Schulz,1997)将文化能力分解为文化知识、文化理解和文化行为:知识指的是认识文化信息和形式的能力;理解指的是解释文化信息和形式的能力;行为指的是应用文化信息和形式的能力。他们有意放弃了对态度的测试和评估,因为他们认为态

第八章 基于跨文化交际法的高校英语教学评价体系建构

度目标不是课堂教师能够直接控制和把握的,受很多外界因素的影响。这种测试和评价的目标更加现实和具体,实用、易于操作。遗憾的是,它主要测试的仍然是学习者对文化信息的了解和一些简单的日常行为习惯,忽略了跨文化意识、跨文化交际能力和文化学习能力等重要的文化内容,因此具有很大的局限性。

二、基于跨文化交际法的高校英语教学评价内容的具体体现

综合自外语教学和跨文化培训各位专家的研究成果,文化测试与评价应该包括以下内容。

(一)具体文化与抽象文化

文化测试与评价的内容可以从具体的文化层面与抽象的文化层面来考量。

(1)具体文化层面。从具体文化层面来说,文化测试与评价的内容包含如下五点。

文化知识:知道有关目的语文化的历史、地理、政治和社会等宏观层面。

文化功能:理解目的语文化在其社会各种场合的功能,在语言使用中的体现,在个人生活中的作用,这是文化的微观层面。

文化价值观念:理解并能解释目的语文化的世界观、价值观和信念及其对人们日常生活和工作的影响。

文化差异:知道并能理解目的语文化与本族文化的差异。

交际能力:使用目的语和以上相关文化知识与来自目的语文化的人们进行有效、恰当的交流。

(2)抽象文化层面。从抽象文化层面来说,文化测试与评价的内容包含如下三点。

文化意识:对文化差异具有敏感性,能够用不同的文化参考框架去解释文化差异。

跨文化交际能力:能够灵活应对不同文化,与来自目的语文化和其他文化群体的人用英语进行恰当、有效的交流。

文化学习能力:掌握文化探索、学习和研究的方法。

（二）知识、态度和技能

文化测试与评价的内容也可以分为知识、态度和技能三个层面。

（1）文化知识包括普遍文化知识（文化的普遍规律和作用等）和具体文化知识（本族文化、目的语文化和其他各种文化），宏观文化知识（某一文化的历史、地理、宗教、艺术等）和微观文化知识（某一文化的社交礼仪、生活习俗、价值观念等）。

（2）态度层面指的是对某一具体文化群体的看法和接受程度，也包括对文化差异的敏感性。

（3）技能是指在跨文化交际中的行为表现，也就是文化知识和情感态度在行为层面的表现。

由于文化知识是跨文化英语教学中的一个部分，文化教学测试与评价必须与语言内容的测试与评价结合起来，形成一个整体，这一点在很大程度上取决于测试与评价的方法和手段。

第三节 基于跨文化交际法的高校英语动态评价体系的建构

一、动态评价的理论框架

动态评价源自社会文化理论，主要对学习者的最近发展区予以关注，强调通过对学生学习方面的变化情况进行观察和记录，对学习者认知能力的变化过程进行了解。

一般认为，评价者通过与学生展开互动，对学习者的认知过程与变化情况加以了解，从而探究学习者潜在的能力，提供给学习者恰当的干预手段，促进学习者的全面进步与发展。因此，有人将动态评价称为"学习潜能评价"。

与传统的评价手段相比，动态评价不仅可以将学习者的英语语言实际水平反映出来，而且在评价中，教师可以发现学习者学习中存在的问题,对这些问题进行干预,保证教师的英语教学效率与学生的英语学习水平。

不同学者对动态评价研究的视角不同,得出了不同的评价模式,归结起来,主要有如下两种。一种是干预式,即对量化指标非常侧重,教师提供的帮助是预先设计好的。一种是互动式,即对定性指标非常侧重,教师提供的帮助是师生之间展开互动。只有将两种评价手段结合起来,才能使动态评价发挥出应有的作用。

二、建构高校英语教学动态评价模式的意义

在互联网技术下,科学有效的评估对于大学生的英语学习非常重要。对于教师来说,有助于改善教学环境,促进教师对自己的教学过程有清晰的了解,改进自身的教学手段和方法,搭建师生和谐的互动平台。但是,我国现有的评价模式存在明显的缺陷。因此,有必要建构高校英语教学动态评价模式。具体来说,高校英语动态评价模式具有如下两点意义。

(一)提升学生学习的积极性

对于学生来说,英语学习兴趣是最好的老师,如果能够帮助学生建构英语学习的兴趣,那么就能够提升英语教学的效果。传统的高校英语评价模式很难调动学生学习的积极性,学生往往是被动地接受知识,持有的也是一种"完成任务式"的心态,因此很难获得较好的英语教学效果。

相比之下,高校英语教学的动态评价模式能够将学生的学习潜力挖掘出来,实现学生高质量的学习。实际上,学生的学习能力本身相差不大,如果采用科学的教学手段,那么就可以将不同学生的学习潜力激发出来。

同时,高校英语教学的动态评价模式还可以实现师生之间的和谐互动,改变了以往教师"高高在上"的局面,与学生展开互动交流,从而将学生的英语学习积极性激发出来。

(二)培养学生的学习信心

很多学生不愿意花费大量时间在英语学习上,而是热衷于学习自身的专业课,这主要是因为他们存在厌学情绪,而以往传统的高校英语教学评价模式也恰好能够将这一厌学情绪放大,导致学生更不愿意学习英语,甚至放弃英语学习。

高校英语教学的动态评价克服了传统高校英语教学评价模式的弊端,可帮助学生获取英语学习的信心。学生通过对英语学习阶段的了解,可以建构自己对英语学习的信心。实际上,学生的英语学习信心与教师有着密切的关系,如果学校建立了高校英语教学的动态评价模式,那么教师的整体水平就会提升,学校、教师、学生之间可以实现和谐发展。

三、从动态评价的角度改善学生的英语学习情况

情感、师生作用、环境等因素都会导致学生的英语学习问题,下面就从动态评价的角度对大学生英语学习情况进行改善。

很多大学生因为语言交际中本身存在的焦虑状态以及领会能力欠缺等问题,导致出现英语学习问题,但是通过干预式与互动式可以对其进行缓解。

语言交际的焦虑恐慌可以通过与他人交互进行缓解,交互式评价强调师生之间展开面对面的交谈。例如,教师可以将个体的口语评价划分为两大阶段。在第一阶段,主要是选择学生熟悉的话题展开交谈,对谈话内容展开静态评价,这样便于了解学生在口语学习中存在的不足之处。在第二阶段,从静态评价转向动态评价,应该采用干预式评价手段,对学习者在第一阶段存在的问题进行干预,并提供建议与帮助,这样就有助于缓解学生在口语交际中的焦虑恐慌。

在互动式动态评价中,教师可以对现阶段学生的学习动机、学习需求等差异有清楚的了解,为下一阶段学生英语学习中存在的问题进行预估,及时为学生提供干预手段。在交流互动中,教师对学习者有清楚的了解,学生也会感到教师是关心他们的,从而产生满足感,愿意投身于英语学习中。这样由于师生关系引发的英语学习问题也可得到改善。

第八章　基于跨文化交际法的高校英语教学评价体系建构

高校英语教学的动态评价强调学生在学习了一段时间的英语后,与前段时间的英语学习进行比较,关注如何改进自己的英语学习方法,获取理想的英语学习结果。其对学习者本身的发展非常关注,教师也从学生的动态互动中,发现学生英语学习中的问题,从而改进自身的英语教学思路,对这些问题进行适当的干预,真正实现因材施教。

四、高校英语跨文化交际教学动态评价方法的创新

(一)总体趋势

1. 从客观定量测试法到定性分析评价法

当外语教学从20世纪50年代以语法、词汇和阅读为中心的教学模式发展到七八十年代以交际能力为目的的教学模式时,测试也逐渐从强调认知理解和规则记忆的纯语言测试发展到包括强调语言使用和交际能力的测试。这种测试内容的改变在很大程度上促进了学习者语言能力的综合发展,但是与纯语言测试一样,目前所使用的很多测试仍采用客观、量化的传统形式,如选择题、正误判断题、填空题等。这些测试形式将语言和文化知识技能分割成易于准备、量化和分析的、独立的考试项目,具有客观、科学、公平和高效等优点。但是,随着教育研究的不断发展,这些传统的测试形式越来越受到质疑和抨击。很多教育工作者已经开始对这些测试形式表示不满,因为它们会使教师沾染上不恰当的教学理念,妨碍学生的才智发展。总之,传统的测试形式在大型的、需要标准化测试的情况下仍然具有一定的实用价值。但是,它们对评价学习者的学习过程和学习结果却存在很多不足。

早在20世纪80年代,斯波尔斯基(Spolsky,1979)就强调,语言测试已经进入了一个后实证主义、后科学的阶段,应该开始注重语言创造性的一面,以学习者对语言不同变体和对这些变体在不同语境中如何使用理解为测试重点,要包括对文化学习的评价。以学习和学生为中心的现代教学思想要求我们要重视学生的学习过程和学习结果,学习是一个经过多个学习阶段积累的过程,学习者不可能同步进步,所以测试和评价也不能同时进行,用同一标准评价。因此,"真实评价"和"表现评价"的思想应运而生,它们是针对学习者的学习行为所进行的定性分析

评价方法,其中观察描述法(ethnographic procedures)和作品集评价法(portfolio assessment)是较为广泛使用的评价手段,前者通过对学习者在课堂、课外的行为表现进行观察来描述、评价他们的行为,后者是对学习者付出的努力、进步的情况、学习的态度和最终的成就等多个方面的综合评价,是一个典型的形成性评价方法。

2. 跨文化英语教学需要定性分析评价法的原因

(1)弥补了传统测试的不足

和传统测试形式相比,定性分析评价法至少包括以下优点。

①它关注学习者的认知、心理和行为各个层面。

②学习者参与、了解评价过程,对自己学习的反思机会更多,有利于自主学习。

③它注重能力的评价。

④它注重学习者知识和能力的发展过程。

无论是语言交际能力还是跨文化交际能力,都包括认知、情感和行为多个层面,学习者的行为表现和情感素质只能通过像观察描述法和作品集评价法这样一些关注能力发展过程的方法进行判断和评价。

(2)文化教学目标需通过观察检验

文化教学很多目标的检验很难通过传统的纸和笔的测试形式来完成,尤其是文化意识、态度和行为以及文化探索和学习方法等目标层面,只有通过观察学习者在学习过程中的努力、在真实环境中的表现、对学习任务的完成情况等,才能获得一个较为准确的描述和评价。

(3)学生的期待

学生期待形成性评价,这是因为他们排斥传统测试所要求的死记硬背,但是又无法反抗。这样的测试不仅不能正确评价他们真实的学习情况,而且与他们平时付出的努力无必然联系,因此打击了他们学习的积极性。如果采用综合评价的方式,学生对学习过程的热情就会因此而高涨,从而可以纠正以考试为导向的学习思想。不仅如此,形成性评价将评价看作学习过程的一部分,允许学习者参与到评价活动中与教师一起确定评价的内容和标准,使学习者更多地反思自己的学习过程,有利于培养他们自主学习的意识和能力。

但是,真实评价的方法所需要的时间、人力和教师培训所需花费的财力较多,因此效率远远低于传统的测试手段。中国人口众多,教育资

第八章　基于跨文化交际法的高校英语教学评价体系建构

源相对有限,难以广泛开展真实评价。客观、标准化的测试有一定的用武之地,不可全盘否定。所以,最好是将两者结合使用,优势互补。

(二)具体方法的实施

1. 单一文化要素的测试与评价

(1)文化知识的测试

文化知识是对文化信息、模式、价值观念和文化差异的认知理解能力。文化知识可分为宏观文化知识和微观文化知识。

①宏观文化知识的测试

宏观文化知识也可称为被动文化知识,指的是那些学生可用来更好地理解一种外国文化,但在与该文化群体的人们进行实际交际时,不直接起作用的知识。宏观文化知识的测试与评价在外语教学中已经有相当长的历史。有关目的语文化的历史、地理、宗教、艺术等客观文化事实,长期以来一直作为外语学习的背景知识在各种测试中得到认可,尤其是英语专业的综合水平考试常常包括对宏观文化知识的测试。填空、选择、判断、名词解释和问答题等传统的笔试题型足以满足这类文化知识的测试。例如:

Answer the following question:

What were the causes of the American Civil War?

②微观文化知识的测试

微观文化知识是一种主动文化知识,它直接影响人们的语言交际和非语言交际行为。这层文化知识有些易于观察,有些无法捕捉,所以难以把握。这些文化因素通常是在具体的生活和交际场合起作用,与语言和非语言交际行为融为一体,所以测试通常采取情景化的题目设置方式,即将测试任务置于具体的交际语境中,使学习者在回答问题时将文化知识与实际交际场合的需要联系起来。例如:

Choose the best answer:

When you are invited to have dinner at an American friend's home, what should you do?

A. Bring a small gift and offer to help in the kitchen.

B. Buy an expensive thing you think the host or hostess may need or like, and get ready to talk about your native culture.

C. Bring nothing as a gift, but offer to help in the kitchen.

D. Bring nothing as a gift, but get ready to talk about your native culture.

文化知识的测试关键在于对文化知识的教学内容进行全面细致的分析,细化成具体的测试项目,然后根据所测文化知识的特点来确定测试的形式。

(2)情感态度的评价

涉及学习者心理和情感的测试与评价,是文化学习测试和评价的最大困难所在。正因为如此,有关态度情感的测试研究从未停止过。从早期的社会距离等级法(the social distance scale)(博加德斯,1925)、陈述判断法(格赖斯,1934)和语义级差法(the semantic differential approach)(奥斯古德,1957)到最新的跨文化发展模式(Intercultural De-velopment Inventory)(哈默尔,1998)都是情感态度测试和评价研究的优秀成果。

①社会距离等级法

社会距离等级法测试人们对外国文化的反应,判断答题者与一个外国文化群体的距离感。

答题者被要求说明他们在不同情况下可以多大程度地接受来自某个外国文化群体的人。接受程度被分为七级。

第一,可以与之结婚。

第二,可以与他们做好朋友。

第三,可以做邻居。

第四,可以做同事。

第五,可以生活在同一城市。

第六,可以接受他们来我们国家旅游。

第七,不准他们进入我们的国家。

这种文化态度的测试方法经过不断变通至今仍在使用。例如:

Check all the statements that you agree with for each na-national or ethnic group. Remember to give your first reactions to each group as a whole. Do not give your reactions to the best or the worst members that you have known. Please work rapidly.

1. I wouldn't mind if my brother or sister married one.

第八章 基于跨文化交际法的高校英语教学评价体系建构

2. I wouldn't mind having one as a close friend.

3. I would not object to having them move in next door as neighbors.

4. I wouldn't mind working on the job with them.

5. They should be allowed to immigrate to our country and become citizens.

6. They should be allowed to visit our country as tourists.

7. They should be kept out of our country.

②语义级差法

语义级差法与社会距离等级法类似。它给出一系列描述文化不同侧面的反义词形容词,让答题者在两极之间的五个等级中作一种选择,表明自己对该文化的态度和认识。例如:

Put a check in the position that best indicates, the direction and intensity of your feeling with regard to each pair of descriptors.

Japanese in general tend to be:

good bad

beautiful ugly

clean dirty

③陈述判断法

格赖斯(Grice,1934)设计使用的陈述判断法也是一个沿用至今的态度测试方法。它由很多描述外国文化的陈述句组成,答题者从中选出他们认为是正确描述该外国文化的句子。例如:

Following is a list of statements about the people of Finland. Place a check before each statements with which you agree.

1. Show a high rate of efficiency in anything they attempt.

2. Can be depended upon as being honest.

3. Are noted for their industry.

4. Are envious of others.

5. Are highly emotional.

6. Are tactless.

7. Are a God-fearing group.

8. Are self-indulgent.

9. Are quick to understand.

除此之外,情感态度还可以通过观察学习者在跨文化交际中的表现来进行判断和评价。在这种情况下,情感态度与交际行为是融为一体的,要对态度和技能分别进行评价,必须设计出一份详细、可靠的评价指标和标准。

(3)文化行为的评价

文化行为指的是在交际过程中交际参与者表现出来的那些受文化影响的行为,它通过语言和非语言行为表现出来。文化行为的评价可以采取一些传统笔试的形式进行,但行为表现评价法应该是更有效的评价方法。

①传统笔试

文化行为测试的笔试形式包括选择、判断、问答等。例如:

Multiple choice questions.

You are now a visiting student at an American university.

1. If you are having a party for the students in your class, how many days in advance would you invite them?

A. The day of the party.

B. One day in advance.

C. Several days in advance.

D. 3 or 4 weeks in advance.

2. If you do not understand a point that your teacher makes in class, it is best to:

A. Raise a hand and ask for clarification.

B. Look confused.

C. Remain silent and ask the teacher after class.

D. Leave the class.

无论情景描述和模拟现实如何具体,笔试永远是一种间接的测试手段,其真实性难以得到保证,行为表现评价法因此而得到重视。

②行为表现评价法

行为表现评价法主要是企业人力资源部门用来评价员工工作表现所采用的方法,一直是管理学研究的一个重要课题。20世纪90年代以来,建立在行为主义学习理论基础上的传统测试方法,不能满足外语教学的要求,因此以建构主义学习理论为基础的行为表现评价法成为当今外语学习评价的一个新趋势。

第八章 基于跨文化交际法的高校英语教学评价体系建构

行为表现评价法的目的是评价学习者应用知识去解决问题和分析问题的能力。通俗地讲，如果想知道一个人能做什么，最好的办法就是让他做给你看。在外语教学中应用行为表现评价法的好处体现在两个方面。第一个最大好处在于，它更真实地反映了学习者的语言应用能力。外语学习的最终目的不是掌握外语语言知识，而是提高外语交际能力。只有通过基于任务（task-based）或基于项目（project-based）的行为表现评价法，才能真实地评价学习者的外语交际能力。第二个好处在于它对课程设计和课堂教学的反拨和指导作用。

行为表现评价法包括三个主要部分：给学生布置的任务、学生针对任务做出反应的形式和预先确定的评分体系。行为表现评价法采用的是主观的整体评分法，为了保证信度、效度和公正性，需要制定一个可靠、易于操作的评分系统，这是实施行为表现评价法最困难也是最关键的环节。一般来说，实施行为表现评价法需要经历以下八个步骤。

第一，根据教学目标，确定评价的内容和目的。

第二，以评价内容为基础设计真实的任务。

第三，明确学生完成任务或应用知识解决问题和分析问题所需具备的知识和技能。

第四，审定这些知识和技能是否能够通过所设计的任务反映出来，如有必要进一步修改任务。

第五，确定评判标准和不同等级水平的定义。

第六，向学生介绍该评价的目的、内容、形式和标准。

第七，直接观察学生的表现，并将他们的表现与先前制定的评判标准进行对照，予以定级。

第八，将评定结果反馈给学生。

参考文献

[1]（英）史默伍德,李宝龙.跨文化交际英语口语教程(3教师用书)[M].上海：上海外语教育出版社,2016.

[2] 陈俊森,樊葳葳,钟华.跨文化交际与外语教育[M].武汉：华中科技大学出版社,2006.

[3] 杜秀莲.大学英语教学改革新问题新策略[M].济南：山东大学出版社,2011.

[4] 房玉靖,姚颖.跨文化交际实训[M].北京：对外经济贸易大学出版社,2020.

[5] 高永晨.文化全球化态势下的跨文化交际研究[M].南京：东南大学出版社,2006.

[6] 关世杰.跨文化交流学[M].北京：北京大学出版社,1995.

[7] 韩卓.大学英语跨文化交际 中西文化比较研究[M].长春：吉林大学出版社,2019.

[8] 何广铿.英语教学法教程：理论与实践[M].广州：暨南大学出版社,2011.

[9] 胡文仲.跨文化交际教学与研究[M].北京：外语教学与研究出版社,2015.

[10] 胡文仲.跨文化交际学概论[M].北京：外语教学与研究出版社,1999.

[11] 胡文仲.跨文化交际与英语学习[M].上海：上海译文出版社,1988.

[12] 黄净.跨文化交际与翻译技能[M].天津：天津大学出版社,2019.

[13] 贾岩,张艳臣,史蕊.跨文化翻译教学中本土化身份重构策略研究[M].北京：清华大学出版社,2014.

[14] 贾玉新.跨文化交际学[M].上海：上海外语教育出版社，1997.

[15] 蒋晓萍.中国外语教学中的跨文化教育[M].广州：广州出版社，2006.

[16] 金惠康.跨文化交际翻译续编[M].北京：中国对外翻译出版公司，2004.

[17] 金真,张艳春.跨文化交际英语[M].上海：上海交通大学出版社，2015.

[18] 康莉.跨文化视角下的大学英语教学：困境与突破[M].北京：中国社会科学出版社，2014.

[19] 李成洪.英语教学与跨文化传播[M].沈阳：东北大学出版社，2013.

[20] 李春兰.跨文化交际理论应用于高校英语教学的实践研究[M].徐州：中国矿业大学出版社，2018.

[21] 李攀攀.跨文化交际与翻译理论研究[M].长春：吉林大学出版社，2019.

[22] 李少华.英语全球化与本土化视野中的中国英语[M].银川：宁夏人民出版社，2006.

[23] 李婷.跨文化交际研究与高校英语教学创新探索[M].北京：九州出版社，2019.

[24] 林新事.英语课程与教学研究[M].杭州：浙江大学出版社，2008.

[25] 刘戈.当代跨文化交际发展研究[M].长春：吉林大学出版社，2020.

[26] 刘涵.英语人才跨文化交际能力研究[M].北京：知识产权出版社，2019.

[27] 刘向政.英语教育的连贯与一致[M].海口：海南出版社，2007.

[28] 刘艳秋.跨文化交际与外语教学[M].北京：中国科学技术出版社，2007.

[29] 刘重霄,刘丽.跨文化交际实训（双语）[M].北京：对外经济贸易大学出版社，2018.

[30] 路景菊. 大学英语教学研究 [M]. 长春: 吉林大学出版社, 2007.

[31] 罗少茜. 英语课堂教学形成性评价研究 [M]. 北京: 外语教学与研究出版社, 2003.

[32] 彭云鹏. 医学情景跨文化交际能力研究 [M]. 石家庄: 河北人民出版社, 2018.

[33] 瞿葆奎. 教育评价 [M]. 北京: 人民教育出版社, 1987.

[34] 沈银珍. 多元文化与当代英语教学 [M]. 杭州: 浙江大学出版社, 2006.

[35] 盛辉. 语言翻译与跨文化交际人才培养策略研究 [M]. 长春: 东北师范大学出版社, 2019.

[36] 史艳云. 大学英语中的跨文化交际 [M]. 长春: 吉林人民出版社, 2020.

[37] 宋云霞. 中国英语教育中的文化教学与跨文化交际能力培养 [M]. 长春: 吉林大学出版社, 2019.

[38] 苏承志. 英语交际能力与策略 [M]. 上海: 复旦大学出版社, 2004.

[39] 孙公瑾, 丁石庆. 文化语言学教程 [M]. 北京: 教育科学出版社, 2004.

[40] 孙英春. 跨文化传播学 [M]. 北京: 北京大学出版社, 2015.

[41] 孙英春. 跨文化传播学导论 [M]. 北京: 北京大学出版社, 2008.

[42] 汪玥月. 英语教学与跨文化交际 [M]. 长春: 吉林大学出版社, 2016.

[43] 王欣平. 英语跨文化交际教育与教学实践研究 [M]. 长春: 吉林人民出版社, 2019.

[44] 文秋芳. 英语口语测试与教学 [M]. 上海: 上海外语教育出版社, 1999.

[45] 吴进业, 王超明. 跨文化交际与外语教学 [M]. 开封: 河南大学出版社, 2005.

[46] 吴为善, 严慧仙. 跨文化交际概论 [M]. 北京: 商务印书馆, 2009.

[47] 武琳. 跨文化交际与英语教学研究 [M]. 长春：吉林出版集团股份有限公司, 2016.

[48] 许力生. 新编跨文化交际英语教程 [M]. 上海：上海外语教育出版社, 2019.

[49] 许丽云, 刘枫, 尚利明. 大学英语教学的跨文化交际视角研究与创新发展 [M]. 北京：中国商务出版社, 2020.

[50] 闫文培. 全球化语境下的中西文化及语言对比 [M]. 北京：科学出版社, 2007.

[51] 严明. 跨文化交际理论研究 [M]. 哈尔滨：黑龙江大学出版社, 2009.

[52] 杨俊光. 基于跨文化交际视角的英语教学研究 [M]. 长春：吉林大学出版社, 2019.

[53] 杨玲梅. 多元背景下的大学公共英语教学与跨文化交际研究 [M]. 北京：北京工业大学出版社, 2019.

[54] 杨勇萍. 跨文化交际与英语文化教学 [M]. 太原：山西人民出版社, 2012.

[55] 余林. 课堂教学评价 [M]. 北京：人民教育出版社, 2006.

[56] 余卫华, 谌莉. 跨文化交际教程 [M]. 杭州：浙江大学出版社, 2019.

[57] 张伯敏. 现代信息技术环境下的外语教学 [M]. 海口：海南出版社, 2006.

[58] 张岱年, 程宜山. 中国文化论争 [M]. 北京：中国人民大学出版社, 2006.

[59] 张公瑾, 丁石庆. 文化语言学教程 [M]. 北京：高等教育出版社, 2004.

[60] 张红玲. 跨文化外语教学 [M]. 上海：上海外语教育出版社, 2007.

[61] 张健坤. 跨文化交际英语教学与研究 [M]. 北京：冶金工业出版社, 2019.

[62] 张鑫. 英语教学的理论与实践 [M]. 北京：知识产权出版社, 2012.

[63] 赵艳. 跨文化交际与英语思维教学研究 [M]. 长春：吉林大学出版社, 2017.

[64] 朱建新,刘玉君.跨文化交际与礼仪[M].南京:东南大学出版社,2019.

[65] 祖晓梅.跨文化交际.[M].北京:外语教学与研究出版社,2015.

[66] 陈嘉.大学英语教学中跨文化交际意识及能力的培养——评《文化与大学英语教学》[J].中国高校科技,2020(10):103.

[67] 董菊霞.跨文化交际与英语口语能力的培养研究[J].今日财富,2019(23):115-116.

[68] 高红珍.跨文化交际在初中英语教学中的渗透分析[J].校园英语,2019(51):140.

[69] 高娜.文化意识在高中英语教学中的培养[J].现代交际,2020(19):185-187.

[70] 归虹.跨文化交际能力视域下的航空乘务英语教学研究[J].英语广场,2020(29):122-124.

[71] 何毅.跨文化交际视域下的大学基础英语教学模式探究[J].现代职业教育,2021(22):156-157.

[72] 黄薇.跨文化交际理论在高职英语教学中的应用[J].海外英语,2019(23):98-99.

[73] 李海喃."一带一路"倡议背景下高职旅游英语教学创新研究[J].九江职业技术学院学报,2019(04):14-16.

[74] 刘睿雪.大学英语教学中的跨文化交际能力培养策略研究[J].英语广场,2019(12):116-117.

[75] 柳瑞华.高职英语教学中的跨文化交际能力培养[J].佳木斯职业学院学报,2020,36(10):175-176,179.

[76] 卢禹彤."一带一路"背景下如何培养大学生跨文化交际能力[J].黑龙江教师发展学院学报,2021,40(06):141-143.

[77] 马骁.论大学英语视听说教学中跨文化交际能力的培养[J].长江丛刊,2020(29):59,61.

[78] 彭敏."一带一路"背景下高校英语教学对学生文化交际能力的培养[J].英语广场,2019(12):129-130.

[79] 秦海燕.新课程高中英语教学培养跨文化交际能力的策略[J].科幻画报,2019(12):66.

[80] 师晓芬.跨文化交际能力在外语教学中如何定位[J].校园英语,2020(42):40-41.

[81] 孙东.基于跨文化交际的大学英语教学模式探索[J].海外英语,2019(23):114-115.

[82] 田静,贾智勇.大学英语教学中跨文化交际能力培养策略[J].品位·经典,2021(11):62-64.

[83] 田力行.高职公共英语教学中跨文化意识培养[J].校园英语,2019(50):51-52.

[84] 王晨颖,杨国轩.公安院校英语教学中跨文化能力训练模式初探[J].跨文化研究论丛,2019,1(02):33-43,150-151.

[85] 王继美.商务英语教学中跨文化商务交际的多模态分析与实施[J].英语广场,2020(29):93-97.

[86] 王震静,王晓燕.学生视角下《高级英语》与跨文化交际能力培养[J].教育教学论坛,2020(02):77-80.

[87] 魏泓.论大学英语的跨文化教学:目标、问题、对策[J].湖北经济学院学报(人文社会科学版),2020,17(10):157-160.

[88] 徐斌.中华传统典籍英译在大学英语教学中的应用研究[J].文化创新比较研究,2019,3(35):81-83.

[89] 徐国红.英语专业学生中国文化英语表达能力的调查研究[J].校园英语,2019(51):29.

[90] 徐一欣.翻转课堂模式在跨文化交际课程教学中的应用研究[J].济南职业学院学报,2020(05):38-40.

[91] 许玉燕.基于云班课的思辨能力培养——以跨文化交际课程为例[J].云南科技管理,2019,32(06):55-59.

[92] 杨丰侨.英语教学中跨文化交际能力培养的必要性及途径[J].科教文汇(中旬刊),2021(05):184-185.

[93] 杨清宇.跨文化交际能力培养与大学英语教学探索[J].产业与科技论坛,2021,20(12):115-116.

[94] 尹小菲.新时代下跨文化交际在高校英语教学中的有效融合[J].英语广场,2021(15):62-64.

[95] 余佳.跨文化交际在中学英语课堂的渗透探析[J].考试周刊,2019(A1):113-114.

[96] 余茜,周雪.混合式教学下大学生跨文化交际能力培养的实证研究[J].鄂州大学学报,2021,28(03):30-33.

[97] 张传伟.浅谈跨文化交际在高校英语教学中的有效渗透[J].科技视界,2020(29):102-103.

[98] 张伟,韩蕾,陈江波.高校外语教学中的中国文化教学浅析[J].邢台学院学报,2019,34(04):132-135.

[99] 张艺玲.海洋高校非英语专业学生跨文化交际能力探究[J].才智,2019(35):119.

[100] 赵明明,伏伟.跨文化交际视阈下中国文化融入高校英语教学的策略研究[J].柳州职业技术学院学报,2019,19(06):52-55.

[101] 朱元慧.中职英语教学中如何培养学生跨文化意识[J].海外英语,2021(10):192-193.

[102] 段秀娥.文化休克与文化附加义教学的相关研究[D].济南:山东师范大学,2017.

[103] 范迪.中韩跨文化交际中文化冲突案例研究与应对策略[D].济南:山东师范大学,2018.

[104] 姜鹏.文化维度下的文化差异性与文化休克研究[D].兰州:兰州大学,2007.

[105] 孙佳明.跨文化交际中的"文化休克"现象研究[D].苏州:苏州大学,2013.

[106] 汪火焰.基于跨文化交际的大学英语教学模式研究[D].武汉:华中科技大学,2012.

[107] 晏琴.英语教学评价的研究[D].武汉:华中师范大学,2006.

[108] 杨帅.培养跨文化意识提高高职学生跨文化交际能力的行动研究[D].长春:长春师范大学,2018.

[109] 杨洋.跨文化交际能力的界定与评价[D].国家图书馆馆藏,2009.

[110] Bennett, Milton J. *Basic Concepts of Intercultural Communication: Selected Readings*[M]. Boston, Intercultural Press, 1998.

[111] Benveniste, Emile. *Problems in General Linguistics*[M]. Coral Gables: Ubiversity of Miami Press, 1966.

参考文献

[112]Bolinger, Dwight & Donald A. Sears. *Aspects of Language*[M]. New York: Harcourt Bruce Jovanovich Inc., 1981.

[113]Byram, M. *From Foreign Language Education to Education for Intercultural Citizenship: Essays and Reflections*[M]. Clevedon, UK: Multilingual Matters, 2008.

[114]Coperias, M. J. Intercultural communicative competence in the context of the European higher education area[J]. *Language and Intercultural Communication*, 2009, (4).

[115]Fries. *Teaching and Learning English as a Foreign Language*[M]. Ann Arbor, Mi: University of Michigan Press, 1945.

[116]Geert Hofstede. *Culture's consequences: International Differences in Work-Related Values*[M].SAGE Publications, 1980.

[117]Hall, Edward T. *Beyond Culture*[M].Garden City, NY: Anchor Press/Doubleday, 1977.

[118]Hanvey, Robert G. *Cross-cultural Awareness*[M].Hunan Education Press, 1998.

[119]Imahori, T. & Lanigan. Relational model of intercultural communication competence[J]. *International Journal of Intercultural Relations*, 1989, (3).

[120]Jack C.Richards, John Platl, Heidi Piatt. *Longman Dictionary of Language Teaching & Applied Linguistics*[M].Foreign Language Teaching and Research Press, 2000.

[121]Johnson, J., T. Lenartowicz & S. Apud. Cross-cultural competence in international business: Toward a definition and a model[J]. *Journal of International Business*, 2006, (37).

[122]LaRay Barna. *Stumbling Blockes in Intercultural Communication.In Samovar and Porter* (eds) *Intercultural Communication: A Reader*[M]. Wadsworth Publishing Co, , 1988.

[123]Larry Samovar and Richard Porter. *Communication Between Cultures*.2ed edn[M].Wadsworth Publishing Co., 1995.

[124]Lewis, M. M. *Infant Speech: a Study of the Beginnings of Lanuage*[M]. London: Kegan Paul, 1936.

[125]Lustig, M. & J. Koester. *Intercultural Competence: Interpersonal Communication across Cultures*[M]. Shanghai: Shanghai Foreign Language Education Press, 2007.

[126]Michael Byram. *Teaching and Learning Language and Culture.* Clevedon[M].UK: Multilingual Matters Ltd., 1994.

[127]Michael Prosser. *The Cultural Dialogue: An Introduction to Intercultural Communication*[M].Houghton Mifflin Co., 1978.

[128]P. R. Harris & R.T. *Moran Managing Cultural Differences*[M]. Houston, TX: Gulf, 1996.

[129]Perry, L. & Southwell. Developing intercultural understanding and skill: Models and approaches[J]. *Intercultural Education*, 2011, (6).

[130]Richard Brislin, Kenneth Cushner, Craig Cherrie and Mahealani Yong. *Intercultural Interactions: A Practical Guide*[M]. SAGE Publications, 1986.

[131]Ruben, B. *The study of cross-cultural competence: Traditions and contemporary issues*[M]. International Journal of Intercultural Relations, 1989.

[132]S. Tingtoomey. *Communicating across Cultures*[M]. New York: The Guilford Press, 1999.

[133]Samovar, L. & Porter, R. *Communication between Cultures*[M].Belmont, CA: Wadsworth Publishing Company, 1995.

[134]Seelye, N. *Teaching Culture: Strategies for Intercultural Communication*[M]. Lincolnwoo: National Textbook Co., 1985.

[135]Spitzberg. A model of intercultural communication competence[A]. In Samovar, L. and R. E. Porter, eds. *Intercultural Communication: A Reader*[C]. Belmont, CA: Wadsworth Publishing Co., 2000.

[136]Thomas. Cross-cultural Pragmatic Failure[J].*Applied Linguistics*, 1983, (2).

[137]Valdes. *Culture Bound: Bridging the Cultural Gap in Language Teaching*[M].Cambridge, UK: Cambridge University Press, 1986.

[138]W. B. Gudykunst. *Intercultural Communication: Introduction in W. B. Gudykunst Locations*[M]. New York: Mc Graw-Hill Higher Education, 2003.

[139]Whitney, W. D. Nature and Origin of Language[A]. *The Origin of Language*[C]. Bristol: Thoemmes Press, 1875.